VINDOBONA

VERLAG SEIT 1946

ROMY SOMMER

Friedlich MIT MIR LEBEN

MEINE WELT IST BUNT

VINDOBONA
VERLAG · SEIT 1946

Bibliografische Information
der Deutschen Nationalbibliothek:

Die Deutsche Nationalbibliothek
verzeichnet diese Publikation in
der Deutschen Nationalbibliografie.
Detaillierte bibliografische Daten
sind im Internet über
http://www.d-nb.de abrufbar.

www.vindobonaverlag.com

© 2022 Vindobona Verlag

ISBN 978-3-949263-40-8
Lektorat: Mag. Angelika Mählich
Umschlagfoto: Mimacz, David Carillet,
Chesterf | Dreamstime.com
Umschlaggestaltung, Layout & Satz:
Vindobona Verlag
Innenabbildungen:
siehe Bildquellennachweis S. 6

Die von der Autorin zur Verfügung
gestellten Abbildungen wurden in der
bestmöglichen Qualität gedruckt.

Gedruckt in der Europäischen Union
auf umweltfreundlichem, chlor- und
säurefrei gebleichtem Papier.

Gib mir die

Gelassenheit,

Dinge hinzunehmen,
die ich nicht ändern kann.

Gib mir den

Mut,

Dinge zu ändern,
die ich ändern kann.

Und gib mir die

Weisheit,

das eine vom anderen
zu unterscheiden.

zitiert nach dem US-amerikanischen Theologen
Reinhold Niebuhr (21. Juni 1892 bis 1. Juni 1971)

Inhaltsverzeichnis

Fang bei dir selbst an 9

Friedlich mit mir leben 14

Romys Reise 16

So genial wie nie 21

Die drei Lebensfragen 26

Wunderschöner Morgen 31

Die Morgenseiten 33

Friedlicher Abend 35

Selbstreflexion 37

Befreiungstechniken (BT) 44

Meditation in der
heutigen Gesellschaft 46

Der etwas andere
Kalender/Jahresplaner 49

Ziele und Wünsche 52

Die Macht der Glaubenssätze 58

Systemische Aufstellungen
in der modernen Welt 61

Vergebung 64

Lebensrad 66

LEBENS-Elixier Wasser 72

Elektrische Felder 76

Der digitale Wahnsinn 79

Fremdbestimmung 82

Lieblingsthema: Meine Welt ist bunt! . . . 87

Die Macht der Farben 90

Das Wurzelchakra 97

Das Sakralchakra 101

Nabelchakra/Sonnenchakra 104

Herzchakra 107

Halschakra 110

Stirnchakra 114

Kronenchakra 118

Das Seelenchakra 121

Danke schön 123

Fang bei dir selbst an

Ich bin Romy Sommer und ich zeige dir den Weg, wie du friedlich mit dir leben kannst. Du legst damit den Grundstein für die Lösung deiner körperlichen, seelischen und geistigen Probleme. Es ist mir wichtig und ein großes Anliegen, **dass du ins Handeln kommst.**

Ich berichte aus meiner eigenen Erfahrung und nicht nur aus der Sicht des Therapeuten. Hier fließen auch meine Erkenntnisse auf dem Weg der eigenen Persönlichkeitsentwicklung mit ein.

Du wirst einiges aus deinem Leben wiedererkennen. Es werden dir auch Tatsachen wieder bewusst, die du vielleicht im Alltagstrubel vergessen hast. Lass uns auf die spannende Entdeckungsreise gehen.

Ich bin der festen Überzeugung, dass alle dieses Buch lesen sollten, die mit sich selbst nicht in Frieden leben. Das Buch ist ebenfalls eine Orientierung für Personen, die sich beruflich mit der Bildung, Erziehung, Betreuung, Beratung, Pflege und Therapie von Menschen beschäftigen. Im Grunde genommen für alle, die in den Dienstleistungsberufen arbeiten.

Nur wenn ich meine eigenen Schwächen kenne und damit gut umgehen kann, bin ich in der Lage, empathisch und neutral zu reagieren. Es ist für dich und den dir Anvertrauten schwierig, wenn du mit deinen eigenen Problemen konfrontiert wirst. Es entstehen Konflikte und diese lösen Emotionen aus, die nicht immer von Vorteil sind. Die Neutralität und die wertfreie Beurteilung von Situationen und Menschen sind somit schwierig und können Probleme auslösen. Wer möchte schon gerne immer der Konfliktlöser sein. Das ist anstrengend, zeitraubend, schwierig, kostet Kraft und Energie und macht eventuell noch schlechte Laune. Oft ist es doch so, dass der schlichtende Dritte der dumme August ist.

Also schaffe bitte erst für dich Klarheit in deinem Leben und frage dich, ob:

- Du liebst, was du tust?
- Deine Beziehungen im Privaten, im Freundeskreis und beruflich stimmig sind?
- Du Themen hast, die du aus deiner Kindheit oder aus deiner Familie mit dir herumschleppst?

Haben diese Fragen für dich wenig bis gar keine Bedeutung, dann darfst du gerne unbeschwert an die Aufgabe gehen, anderen Menschen professionell zu helfen. Hast du ein Thema, dann bereinige es, damit es dir nicht immer wieder im Weg steht und Zeit und Kraft kostet.

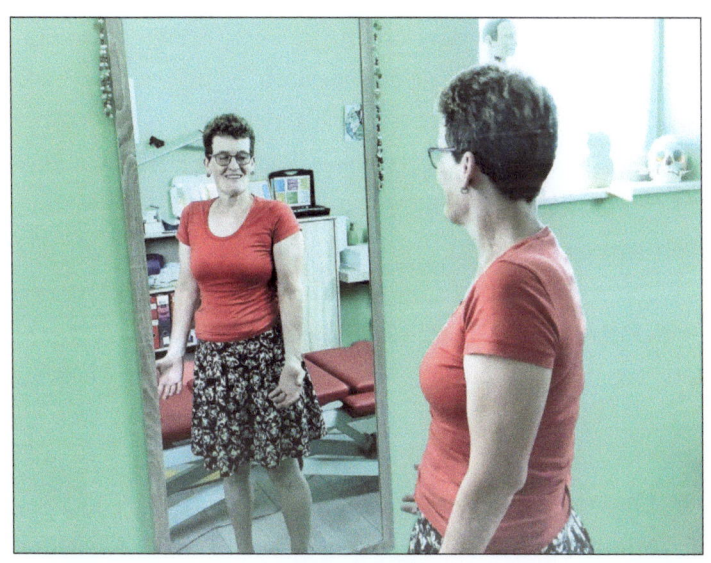

Dein Spiegelbild?

Das Alter des Lesers ist relativ. Ich möchte niemanden ausschließen und deshalb habe ich auch eine sehr verständliche Sprache und Formulierung gewählt.

Das Leben ist im Grunde ganz einfach. Wir **Menschen** mit unseren Vorschriften, Gesetzen und unserer ständigen Bewertung haben es kompliziert gemacht. Also hör auf, so verpeilt und ziellos durch dein Leben zu irren. Erstelle dir einen Plan, was du wann willst. Hast du keine Ahnung, ist das auch kein Weltuntergang. Bestimme einfach, was du nicht mehr willst. Es gibt nur zwei Motivationsrichtungen im Leben. **Hin zu etwas oder weg von etwas.** Also entscheide dich und los geht's!

Mein Wunsch ist, dass wir unseren Kindern diese Art zu leben vermitteln. Lebe deinen Kindern vor, wie man friedlich mit sich selbst leben kann. Schulen sollen diese Art von Leben unterstützen und hierfür eine Unterrichtsstunde einplanen. Selbstverständlich ohne Benotung. Gern dürfen andere Fächer entfallen oder wir integrieren dieses Verständnis von Lebensführung in Schulfächer. Für alle sozialen Berufe ist es angeraten, sich mit diesen Themen zu beschäftigen und die Auszubildenden damit zu konfrontieren.

Es ist vom ureigenen Interesse, mit sich selbst friedlich zu leben, bevor wir anderen dabei helfen möchten. Weshalb dies notwendig ist, wirst du selbst erleben und erfahren. Ich wünsche dir viel Freude beim Lesen und es wird auch einmal unangenehm werden, wenn man sich selbst erkennt. Kein Problem, denn nach Regen kommt Sonne und umgekehrt. Gehe auf deine Entdeckungsreise und probiere aus, was für dich stimmig ist. Im günstigen Fall findest du hier die Bestätigung dessen, was du bereits umgesetzt hast. Du musst nicht alles für dich annehmen, ich möchte dich dort abholen, wo du bereits stehst. Stehst du gerade am Anfang, dein Leben zu verändern, dann verzage nicht, denn der Weg ist das Ziel. Du musst Schritt für Schritt deinen Weg gehen. Manche Hürden sind nicht so hoch, wie sie scheinen. Du musst es nicht allein schaffen. Hole dir Unterstützung bei deinen Lieben oder bei mir.

Der Weg ist das Ziel.
Du musst nur anfangen, ihn zu gehen.
Viel Erfolg dabei.

Friedlich mit mir leben

Kennst du auch dieses Gefühl? Im Großen und Ganzen stimmt alles! Du hast einen Job, einen liebevollen Partner, gut geratene Kinder, keine großen Geldsorgen und doch bist du nicht glücklich!

Woher kommen deine Gefühle und deine Unzufriedenheit? Bist du undankbar und egoistisch? Was stimmt mit dir und deiner Wahrnehmung nicht? Hat das Ganze überhaupt etwas mit dir zu tun? Fragen über Fragen? Nach meiner Erfahrung auf jeden Fall, denn alles, was du fühlst, hat in erster Linie etwas mit dir zu tun. Andere Menschen und die Umstände sind oft der Spiegel, den man vorgehalten bekommt. Ein Spiegelbild zeigt viele verschiedene Facetten von uns. Je nach Gemütszustand sehen wir die eine oder andere Seite von uns. Läuft gerade alles super, nehmen wir den einen oder anderen Makel schon mal hin und belächeln ihn. Sind wir mies drauf, stört uns sogar die eine oder andere Haarsträhne, die nicht richtig liegen will. Das ist alles natürlich und in Ordnung. Kippt dieses Bild von uns aber zur Seite der negativen Wahrnehmung und hält länger an, macht uns das unglücklich. Somit wären wir wieder am Ausgangspunkt angelangt.

Die erste Frage, die du dir aus tiefsten Herzen stellen darfst, ist: **Liebe ich mich so, wie ich bin, mit all meinen Macken und Makeln?** Das ist die Kernfrage und sie stellt die Weichen für dein ganzes Leben. Nimm dir Zeit, diese Frage mit *Ja* oder *Nein* zu beantworten. Entscheide dich! Lautet die Antwort *ja*, herzlichen Glückwunsch. Lautet sie *nein,* so hast du jetzt die Gelegenheit, daran zu arbeiten und zu wachsen. Wie geht das? Ich kann aus meiner Erfahrung sagen, dass man für sich und die jeweilige Situation das Richtige finden sollte. Es ist eine Reise, die sich für dich lohnt. Du brauchst ein Ziel oder eine Vision, für die sich deine intensiven Bemühungen lohnen. Geduld, Disziplin und Ausdauer – ja, ohne Fleiß kein Preis. Im Ernst, es hat ja auch eine Weile gedauert, bist du festgestellt hast, dass du nicht so glücklich bist, wie du gerne wärst.

Zu Beginn ist es hilfreich, zu spüren was dir an *dir* nicht gefällt. Sind es Äußerlichkeiten wie Figur oder kosmetische Dinge, lerne, sie anzunehmen. Kein Mensch ist perfekt und Schönheit liegt im Auge des Betrachters. Phrasen – ja, vielleicht. Es gibt immer wieder sehr einzigartige Beispiele auf dieser Welt: Groß, klein, dick, dünn, schief ohne Arme, ohne Beine, laut und schrill und sehr leise Menschen. Menschen mit Handicap sind glücklich und lieben sich so, wie sie sind. Es ist die innere Einstellung, die du ebenfalls auf vielfältige Art und Weise erlernen kannst.

> **Liebe dich selbst und werde glücklich.**

Romys Reise

Ich werde dir jetzt von meiner Reise berichten, die noch nicht zu Ende ist, denn ich lebe ja nicht im Vakuum. **Leben ist nun mal Veränderung und Stillstand bedeutet den Tod.**

Im Rückblick betrachtet war mein Leben geprägt von Leistung und Streben nach Anerkennung. Ich kannte den Unterschied zwischen Anerkennung und Liebe nicht. Ich glaubte, das sei das Gleiche. Mit der Ausbildung zur Physiotherapeutin erhielt ich viele wichtige Erkenntnisse über den menschlichen Körper und seine Reaktionen. Somit konnte ich mir viele Dinge erklären. Dieses Wissen half mir auch im persönlichen Umgang mit Freunden, Studienkollegen und Mentoren. Eigene Erfahrungen sammelte ich in der Schwangerschaft. Ich lernte, auf meinen Körper, meine Gefühle und seine Bedürfnisse zu hören. Aus dieser Zeit habe ich die zweistündige Mittagspause mit 30 Minuten Mittagsschlaf beibehalten. An manchen Tagen weiche ich davon ab. Mit der Eröffnung der eigenen Praxis durfte ich noch einmal über meinen Schatten springen. Zum Ausfüllen der Karteikarten und zur Terminvergabe ist es notwendig, dass ich meine Lesebrille aufsetze. Lesebrille heißt in diesem Fall Lupenbrille mit Augen so groß wie Wagenräder. Mein Gegenüber darf vergrößert meine weniger schönen Augen betrachten. Ich kann ihn im Gegenzug nicht erkennen. Die hilflosen Kommentare der meist älteren Patienten machten die Situation nicht besser. Ich konnte mich mit dem Gedanken trösten, dass die Therapien, die ich meinen Klienten anbot, bei ihnen gut wirkten. Mein Handicap konnte ich mit diesen Erfolgen kompensieren. Die Bemerkungen störten mich irgendwann nicht mehr. Nach fünf Jahren und einigen Weiterbildungen bauten wir als Familie unser heutiges Zuhause. Ein Wohn- und Geschäftshaus mit blauem Anstrich. Alles richtig gemacht. Stolz machte sich breit und ich war zufrieden. Die Anforderungen stiegen und ich merkte, dass ich ganz gut funktionierte. Wollte ich das? Ich bin doch keine Maschine? Die Herausforderungen und Ansprüche der Patienten und auch meinerseits ließen mich nach Alternativen suchen. Die Osteopathie war eine solche. Fünf Jahre Studium zeigten mir viele Facetten des menschlichen Körpers. Durch die Eigenerfahrung lösten sich auch bei mir so manche Blockaden nicht nur auf körperlicher Seite. Das ganzheitliche Denken und Handeln wirkte sich auch im privaten Rahmen aus. Gespräche mit Freunden und Kollegen bestätigten, was ich schon ahnte. Tu das, was dir wirklich Freude bereitet, ist leichter gesagt als getan! Ich suchte Weiterbildungen heraus, wo auch ich als Therapeut einen persönlichen Nutzen davon hatte. Progressive Muskelentspannung und konzentrative Entspannung ließen mich erleben, wie gut es dem Körper, dem Geist und der Seele tut, zur Ruhe zu kommen. Ruhe ist eine sehr hilfreiche Erfahrung, um Kraft und Kreativität zu schöpfen. Ohne diese Zutaten ist das Leben fade und leer. Schenke der Welt ein Lächeln und sie lacht zurück. So therapierte ich mit diesen Mitteln eine gewisse Zeit. Gute Erfolge waren zu verzeichnen. Letztlich arbeitete ich trotzdem nur an den Symptomen und es stellten sich die gleichen oder ähnliche Beschwerden nach geraumer Zeit wieder ein. Ich war und bin ein neugieriger Mensch, deshalb studierte ich Literatur, die sich mit der Psyche des Menschen beschäftigte. Anstoß waren die Erfahrungen aus den Entspannungskursen und die Lebensumstände, die mir die Patienten erzählten. Bei der Anamnese sowie bei der Schmerzbeschreibung fielen mir noch weitere Zusammenhänge auf. Menschen, die unter Leistungsdruck standen, gaben Druckschmerzen an. Brennende und stechende Schmerzen wurden geäußert, wenn es sich um komplizierte Beziehungen handelte. Schluckbeschwerden und Atemnot sind oft bei ängstlichen Menschen zu finden. Ich wollte den Menschen helfen, wie sie diesen Kreislauf unterbrechen können. Ich fragte mich, warum meine Patienten trotz Psychotherapie nicht aus dieser Falle herauskommen. Meine Schlussfolgerung war, es muss mit den grundlegenden Emotionen und Lebensumständen dieser Personen zusammenhängen. Wie kann man das erkennen? Welche Strategie hilft? Es kann keiner aus seiner Haut. Du willst kein anderer Mensch werden, sondern deine Beschwerden loswerden.

Die Autorin Romy Sommer

Zuerst habe ich einfach alles therapiert, was mir unter die Finger kam: Kinder mit Schulstress, Patienten mit Schwindel, Gelenkbeschwerden aller Art, Magen-Darm-Probleme und Atemnot. Ich stellte nach vielen Behandlungen fest, dass Menschen mit Magen-Darm-Beschwerden ebenfalls unter Belastungsasthma leiden. Ich wollte diesen Menschen helfen und konnte nach einigen Recherchen und vielen Versuchen eine Methode entwickeln, um sie zu unterstützen. Seitdem behandle ich Menschen mit Belastungsasthma, die 25 bis 45 Jahre alt sind. Der Begriff Asthma ist geläufig. Diese Erkrankung wird mit Atemnot und einem Spray assoziiert. Das Belastungsasthma stellt sich erst im Laufe des Lebens ein und kann auf viele Ursachen zurückzuführen sein: Allergien, Magen-Darm-Beschwerden,

Erkrankungen der Lunge und des Herzens, Angst und Druck. Ich kann die Ursache erkennen und behandeln, das heißt, du bist deine Belastung los.

> **Tu das, was du liebst.**

So genial wie nie

Die jährliche Tagung des Physiotherapeutenverbandes versprach im Grunde genommen nichts Neues, wir haben wie jedes Jahr den Vorstand gewählt. Nachdem die Formalitäten erledigt waren, sprachen die Gastredner über eine neue Behandlungsmethode, die funktionelle Therapie. Ich ahnte nicht, dass diese beiden Menschen mein Leben nachhaltig beeinflussen würden. Sie stellten ihre Therapiemethode vor und legten dar, wie sie die Welt sehen: Wir leben nicht im Vakuum und die Welt entwickelt sich weiter. Forscher erklärten stolz, dass sie jetzt in der Lage sind, das Genom, das heißt den kleinsten Teil des menschlichen Gens, zu beschreiben. Sie wollen hinter das Geheimnis von Krankheit und deren Vererbung gelangen. Eines hat man dabei vergessen: Körper, Geist und Seele gehören zusammen und sind gerade nicht losgelöst voneinander zu betrachten. Unser Körper ist keine Maschine, wir können zwar Organe transplantieren, Gelenke ersetzen und Zahnprothesen einsetzen – sind wir ehrlich, es ist nichts wie vorher. Unser Organismus muss sich mit diesem Ersatz auseinandersetzen, der nicht zu ihm gehört. Jeder empfindet seine Beschwerden anders. Eins und eins ist in diesem Falle nicht zwei, denn beispielsweise Zahnschmerzen allein mögen vielleicht aushaltbar sein, aber Zahnschmerzen und Bauchschmerzen zusammen – fühlt sich mindestens vierfach mies an. Das heißt, das Schmerzempfinden potenziert sich. Die

Wirkungsweise des menschlichen Organismus ist vielfältig. Schon die alten Philosophen wussten, dass der Mensch mehr als Körper ist.

Mir wurde klar, dass ich mehr über diese neue Behandlungsmethode erfahren möchte. Ich bin neugierig und offen und lauschte interessiert dem Vortrag: Sie zeigten uns an praktischen Beispielen, wie sie der Ursache für Beschwerden auf körperlicher, geistiger und seelischer Ebene auf die Schliche kommen. Der Schlüssel zum Erfolg ist der kybernetische Muskeltest, der Stimmigkeiten und Unstimmigkeiten anzeigt. Der Therapeut kann jederzeit mit dem Muskeltest überprüfen, ob sein Therapieansatz zum Erfolg führt. Das ist fantastisch, man muss nicht Stunden, Tage oder Wochen auf eine Reaktion des Körpers warten, man kann sich sofort anzeigen lassen, ob das definierte Ziel erreicht ist.

kairos
Institution für medizinische und
persönliche Transformation

Logo KAIROS – Ich bedanke mich für die Benutzung bei Dr. Karsten Wurm

Diese Methode zu erlernen ist das eine, aber mit sich selbst ins Reine zu kommen gehört ebenfalls dazu. Mir wurde klar, dass ich mit mir ins Reine kommen muss, um anderen nachhaltig zu helfen. Darauf legen die Trainer großen Wert. Ihnen ist es wichtig, eine geniale Methode zu vermitteln und das Potenzial der Kursteilnehmer zu entfalten und im zweiten Schritt zu stärken. Das gelingt nur, wenn man erkennt, wo man steht und wohin man will. Das heißt, Ziele klar zu definieren und eine Strategie zu erarbeiten, wie man dieses Ziel erreicht. Genau das habe ich geschafft, zielgenau zu therapieren und mich persönlich weiterzuentwickeln. Geh in dich und frage dich, was du wirklich willst. Es muss aus deinem Herzen kommen. Schalte den Verstand ab. Konzentriere dich auf die Frage, ob du glücklich bist, mit dem, was du tun willst. Tu, was du wirklich willst und bleibe authentisch. Sich selbst zu finden ist nicht ganz einfach, wenn du Hilfe brauchst, kontaktiere mich und wir können mit dem Muskeltest im Rahmen der Zielarbeit überprüfen, ob deine Ziele zu dir passen.

Mich hat dieser Vortrag so sehr beeindruckt, dass ich beschloss, an einem Kurs so schnell wie möglich teilzunehmen. Dieser Kurs setzt sich aus Physio-/Ergo-Logotherapeuten, Ärzten und Zahnärzten sowie Heilpraktikern zusammen. Diese Menschen verbindet, dass sie anderen Menschen helfen wollen, gesund zu werden und zu bleiben. Jeder Teilnehmer erlebte für sich individuell, wie er sein Chaos ordnen kann. Aus einem Kurs wurden mehrere Kurse und viele Jahren gingen ins Land. Ich beschäftigte mich mit Psychosomatik, Zielarbeit, Glaubenssätzen und der systemischen Aufstellung.

Ich therapiere seit sieben Jahren erfolgreich mit dieser Technik. Zu mir kommen Menschen mit unterschiedlichsten Beschwerden. Viele von ihnen haben Probleme mit dem Bewegungsapparat. Hier zeigt sich oft, dass der Muskel oder der Knochen sowie die Sehnen nur das Opfer sind. Die tatsächliche Ursache kann im Nerv, dem dazugehörigen Wirbelsäulensegment, einem Organ oder im geistigen sowie seelischen Bereich zu finden sein. Ich betrachte den Menschen als eine Einheit. Ich gehe wie ein Detektiv auf Spurensuche. Ich kreise den Täter ein und helfe dem Opfer. Somit ist jede neue Behandlung spannend und herausfordernd zugleich. Ursachen für Schmerzen am Rücken können sehr unterschiedlich sein. Erreger, die in den Darm oder die Blutbahn gelangt sind, können die kleinen Wirbelgelenke schädigen. Geschädigte Zähne können Ursache für Fehlhaltungen oder Beschwerden im Hals-/Nasen-/Ohrenbereich sein. Wiederkehrende Blockierungen sind oft mit organischen Fehlfunktionen, sogenannten Funktionsstörungen, verbunden. Je nach Lage der Blockierung kann ein bestimmtes Organ betroffen sein. Ständige Konflikte mit dem Chef oder in der Familie können Migräne auslösen. Diese Methode ist in meinem bunten Blumenstrauß die Rose. Der Duft ist anziehend und die kleinen Dornen mahnen zur Vorsicht und Achtsamkeit mit sich selbst und den Patienten. Es hilft mir, alles etwas gelassener zu sehen und somit entspannter zu leben und zu genießen. Es ist ein beglückendes Gefühl, wenn man helfen kann, die Schmerzen, die schon so lange Zeit bestanden, zu beseitigen oder stark zu reduzieren.

Es gibt keine Zufälle im Leben!

Die drei Lebensfragen

Ich möchte dir vorstellen, wie du zu einem friedlicheren und zu dir stimmigen Lebensgefühl kommst. Bevor du handeln kannst, darfst du dir diese Fragen stellen:

- Was bedeutet Leben?
- Weshalb ist es wichtig, mit sich selbst friedlich zu leben?
- Was bedeutet friedlich leben?

Was bedeutet Leben?
Beginnen möchte ich mit dem Leben aus meiner Sicht. Es beinhaltet nicht nur die Grundbedürfnisse der reinen Existenz zum Überleben, wie Licht, Luft, Wasser, Nahrung, Schlaf, sondern vor allem Liebe und Fortpflanzung, Vielfalt und Schöpfertum. Der Mensch ist ein soziales Wesen und benötigt den Austausch mit anderen Menschen und ist bis zum Schulalter nicht in der Lage, allein zu überleben. In den ersten sechs Lebensjahren werden wir grundsätzlich geprägt und diese legen den Grundstein für unsere persönliche Entwicklung. Jeder Mensch kommt mit seinem vollen Potenzial auf diese schöne Welt. Also es steckt alles in uns und wir können darauf zugreifen, wenn man uns lässt. Also sind doch die schwere und schlechte Kindheit oder die Gene nicht verantwortlich dafür, was wir sind? Das stimmt nur zum Teil, da jeder Mensch in der Lage ist, sein Potenzial zu entfalten und sich zu entwickeln. Er benötigt dazu erst einmal die Kenntnisse und die Techniken für

die Umsetzung. Ich werde dir jetzt einige Sachverhalte aufzeigen und du darfst gerne die wissenschaftlichen Recherchen dazu suchen. Dies sprengt hier den Rahmen des Buches und wird für einige Leser zu anstrengend.

Weshalb ist es wichtig, mit sich selbst friedlich zu leben?

Zunächst ist es sinnvoll, sich mit der Tatsache auseinanderzusetzen, dass wir so sind, wie wir sind. Wenn du das für dich annehmen kannst, hast du schon den ersten Schritt getan. Dies ist wichtig, da der Kampf gegen das eigene Ich Unmengen von Energie benötigt. Diese fehlt uns im Alltag und bei der Umsetzung und Freisetzung unserer Ideale. Dazu gehört das Bewusstmachen von Emotionen und Auffinden von Talenten und Werten, die dir wichtig und eigen sind.

Es gibt **fünf Grundemotionen** in unserem Unterbewusstsein

Zwei weitere werden erworben, das sind **Schuld** und **Scham.**

Schuld   Scham

Diese sind bei jedem Menschen unterschiedlich ausgeprägt. Sie sind neutral zu betrachten, also weder gut noch schlecht. Sie sind wichtig für unser Zusammenleben. Dringen unsere Emotionen in unser Bewusstsein vor, entwickeln sich daraus Gefühle. Aus Ärger wird Gereiztheit oder Wut mit körperlichen Symptomen, z. B. Gallenbeschwerden, Magendrücken oder Wutausbrüche. Der Blutdruck steigt, das Herz schlägt lauter, die Koordination und die Konzentration sinken, die Stimme wird lauter und man wird das Gefühl nicht los, gleich zu explodieren. Man fühlt sich hilflos, wird ungerecht gegen sich selbst und andere. So kann jeder auf eigene Erfahrungen mit den Emotionen zurückgreifen. Du kannst mit einigen Hilfsmitteln herausfinden, welche Emotionen bei dir besonders ausgeprägt sind. Dazu eignen sich die Emojis. Schau sie dir an und spüre, wie du reagierst.

Externe Personen können ebenfalls deine Emotionen testen. Einige benutzen ein Pendel oder andere Anzeiger. Ich nehme den kybernetischen Muskeltest, dessen Funktionsweise ich dir bereits beschrieben habe.

Schreibe deine fünf besten Talente auf, also das, was du besonders gut kannst und gerne machst. Du kannst spontan das tun, was du liebst, ohne üben zu müssen, es macht dir wenig Mühe. Du bist mit dem, was du tust, glücklich, ohne darüber nachzudenken. Ebenso gehst du mit den Werten um, die dir wichtig sind. Wenn du magst, nimm ein Foto von dir, worauf du gerne schaust, und schreibe die Werte und Talente dazu. Häng es sichtbar für dich auf, sodass du es jeden Tag betrachten kannst.

Was bedeutet friedlich leben?

Ich habe erlebt, wie schön und angenehm es ist, nicht mehr gegen mich selbst zu agieren. Ressourcen werden frei für schöne Dinge. Da ich gelassener bin, kann ich so mancher unangenehme Situation im Alltag besser entgegentreten. Ich nehme Kritik nicht persönlich, sondern auf den Sachverhalt bezogen an. Sehe vieles neutraler und schaffe somit eine ausgeglichene Stimmung. So macht sich Freude breit und Kreativität. Mein Leben ist bunter und friedlicher. Dies bemerken die Menschen, mit denen ich zusammenlebe und arbeite. Ich kann authentisch sein und muss in keine Rolle schlüpfen. Wer lernt, mit sich selber klarzukommen, ist auch bereit, mit anderen klarzukommen. Übe Toleranz für die Vielfältigkeit von Macken und Fehler anderer. Diese sind im Grunde genommen ja nur unsere eigenen Schwächen, die uns andere Menschen spiegeln. Hieraus erschließt sich die Tatsache, wer mit sich friedlich und liebevoll umgeht, kann keiner Fliege etwas zuleide tun. Also brauchen wir mehr Selbstliebe, damit es auf Erden weniger Hass, Neid und Kriege gibt. Liebe alles, was dich umgibt: die Umwelt, die Tiere, den Kosmos und vor allem das menschliche Miteinander. Diese Erde bietet genügend Platz und Lebensraum für alle.

Werde dir deiner Emotionen und Gefühle bewusst und lebe danach.

Wunderschöner Morgen

„Guten Morgen" ist nicht nur ein höflicher Gruß, sondern auch der Beginn eines jeden Tages. Starten wir froh gelaunt und gut ausgeschlafen in den Tag, so haben wir viel Energie für die vor uns liegenden Aufgaben. Es ist von großem Vorteil, am Morgen wenigstens 15 bis 30 Minuten Zeit nur für sich allein zu haben. Ich meine damit nicht, das allmorgendliche Waschritual und Frühstück für die Familie zu bereiten. Ich meine, die Zeit, die du mit dir selbst verbringst. Atemübungen, Yoga, Jogging, Meditation, Wassertreten oder das Schreiben von Morgenseiten. Der Geist ist entspannt, der Körper gut durchblutet und die Aufmerksamkeit

Morgenstimmung an der Elbe in Dresden

gestärkt für die Ereignisse des Tages. Du erlebst, wie die Nacht dem herankommenden Tag weicht. Was er bringt, ist oft noch ein Geheimnis, das erforscht werden will. Dieser Zauber lässt uns die Neugierde aufrecht–erhalten und mit viel Forscherdrang in den Tag starten.

> So gewiss, wie die Nacht dem Tage weicht, weiß ich, dass jeder Tag etwas Gutes und Schönes für mich bereithält, wenn ich es zu erkennen vermag.

Die Morgenseiten

Die Morgenseiten eignen sich für diejenigen, die am Morgen mit tausend Ideen im Kopf aufstehen oder schon den gesamten Tag verplant haben. Genauso geeignet sind sie für dich, wenn du zu Selbstgesprächen neigst oder ein dauerndes Geplapper im Kopf hast und ständig grübelst. Du legst dir bitte schon am Abend drei DIN-A4-Seiten zurecht und einen Stift. Am nächsten Tag nimmst du dir ein Glas Wasser und setzt dich an die leeren Seiten. Du warst allenfalls auf dem WC und jetzt darfst du drauf los schreiben. Alles, was gerade in deinem Kopf vor sich geht, bringst du zu Papier. Diese Zeilen legst du gut verschlossen weg. Es sind deine

Deine Morgenseiten

Gedanken und sie gehören nur dir. Nach 14 Tagen darfst du gerne einmal die ersten Seiten wieder lesen. Sei überrascht und lege sie wieder beiseite. Du darfst selbst entscheiden, wie lange du dieses Ritual beibehältst. Manche hören nie damit auf. Erlebe einfach, was mit dir geschieht, und ob du daran Freude hast.

Wenn du nicht in der Lage bist, deine Gedanken aufzuschreiben, sprich sie auf oder sprich sie zumindest laut aus. An welchem Ort du deine Gedanken formulierst, bleibt dir überlassen. Vielleicht hilft es dir, einen Spaziergang durch deinen Garten zu unternehmen und Kräuter für den Tee zu sammeln oder du lauschst den Vögeln und betrachtest den Himmel. Egal, was du tust, Hauptsache, es macht ein gutes Gefühl.

Mit diesem guten Gefühl startest du in den neuen Tag und kannst, wann immer du es benötigst, wieder abrufen. Als gläubiger Mensch hat dir doch sicher schon so manches Morgengebet gute Dienste geleistet und mit Gottes Hilfe kommt man besser durch den Tag.

Mach deinen Kopf frei.

Friedlicher Abend

Beende den Tag so friedlich, wie du ihn begonnen hast. Für einen tiefen und erholsamen Schlaf ist es wichtig, spätestens um 22.00 Uhr ins Bett zu gehen. Schalte 15 bis 30 Minuten vor dem zu Bett gehen den Fernseher, das Radio, den PC, das Tablet und dein Smartphone aus. Nutze die Zeit, um den Tag zu reflektieren. Das heißt, danke zu sagen für die schönen Momente. Benenne, was dir heute gut gelungen ist. Nachdem du Rückschau gehalten hast, darfst du nun deinen Kopf zur Ruhe legen. Ein gutes Gewissen ist ein gutes Ruhekissen. Ebenso trifft zu, dass der Morgen oft klüger ist als der Abend. Diese Erkenntnis hast du ja eben selbst festgestellt.

Abendstimmung in Niederau (bei Meißen)

Selbstverständlich gehören noch andere Aspekte zu einem gesunden Schlaf. Es muss dunkel und ruhig sein, gut durchgelüftet, weder Funk noch Fernseher oder Handy gehören in den Schlafraum. Der Tiefschlaf ist wichtig, damit der Körper und der Geist sich erholen und reparieren können. Nur ein entspannter Körper ist weniger anfällig für Krankheiten und bleibt somit gesund und fit. Dieses Gefühl spiegelt sich dann in unserer Seele wider und du empfindest Frieden und Glück und Liebe.

> Ein gutes Gewissen ist
> ein sanftes Ruhekissen.

Selbstreflexion

Wie kommt man zu einer stimmigen Selbstwahrnehmung? Wichtig ist dabei zu überprüfen, ob deine Talente und Werte, die du dir ja schon einmal vor Augen geführt hast, zu dem passen, was du gerade tust. Also passen diese Eigenschaften zu deiner jetzigen Tätigkeit, zu deiner Familie und zu dir selbst? Glückwunsch bei *ja*. Falls *nein*, prüfe deine familiäre Situation, dein berufliches Umfeld und Freunde und Hobbys. Identifiziere, was dich stört und behebe dies. Fertige eine Tabelle an und trage deine Talente und Werte ein. Diese Tabelle könnte folgendermaßen aussehen:

Talent	Ich	Familie und Freunde	Beruf
Singen	x	x	
Zeichnen			x
Sport/Bewegung		x	

Stell dir vor, du kannst gut singen. Deine Familie und deine Freunde singen oft und gern, du auch. Im Beruf singst du nicht, aber das stört dich nicht, weil du deinen Bedürfnissen ausreichend nachkommst. Du hast dein Talent, Zeichnen, zum Beruf gemacht, z. B. als Porzellanmaler, da du acht Stunden täglich im Akkord zeichnest, wirst du bestimmt nicht mehr dein Talent, dass du gern tust, in deiner Freizeit oder mit der Familie ausleben. Frage dich, ist das noch stimmig, habe ich mein Talent, meine Freude überstrapaziert? Du kannst dich beispielsweise fragen, ob du auf Geld verzichtest und nicht mehr im Akkord arbeitest, damit du an deinem Talent noch Freude und Erfüllung hast. Stell dir vor, du bist gern sportlich aktiv. Deine Freunde und deine Familie ebenfalls, du bist allerdings beruflich so eingespannt, dass du keine Zeit mehr für Sport findest. Frage dich, wie du wieder ins Gleichgewicht kommst. Frage dich einfach, ob alles so sein muss, wie es jetzt ist.

Sieh dir das Ergebnis an und spüre, was es mit dir in Bezug auf deine Emotionen macht und welche Gefühle jetzt hochkommen. Schreibe das am stärksten empfundene Gefühl auf. So verfährst du nun mit allen anderen Emotionen in Bezug auf diese Tabelle. Diese Auswertung schafft erst einmal einen Überblick und du wirst so manchen Zusammenhang erkennen. Erkenntnis allein genügt aber nicht, denn es soll sich ja etwas zum Positiven ändern. Dafür gibt es Techniken, die ich dir versuche zu erklären. Einige wirst du selbstständig umsetzen können, für andere brauchst du meine Hilfe. Doch so weit sind wir noch nicht.

Ist zum großen Teil Angst deine häufigste Emotion, so hilft dir die **Supermannstellung**. Diese Position hilft, um aufkommende Angst zu bändigen. Du hast

Bauchgrummeln, schweißnasse Hände und du hörst dein Herz schlagen vor einem unangenehmen Gespräch oder kurz vor einem Vortrag vor vielen Menschen, dann stell dich breitbeinig hin, mache dich ganz groß und stemme die Hände in das Nierenlager. Das gibt dir Rückenhalt und Energie. Hebe das Kinn und recke die Brust raus. So gewinnst du an Größe und Breite. Im Tierreich funktioniert dieses Imponiergehabe recht gut und einige Menschen beherrschen diese Techniken auch ganz hervorragend. Jetzt gehst du im Raum umher, indem du so breitbeinig wie ein Sumoringer gehst. So werden im Gehirn Verknüpfungen geschaffen und die aufkommende Angst hat keine Chance.

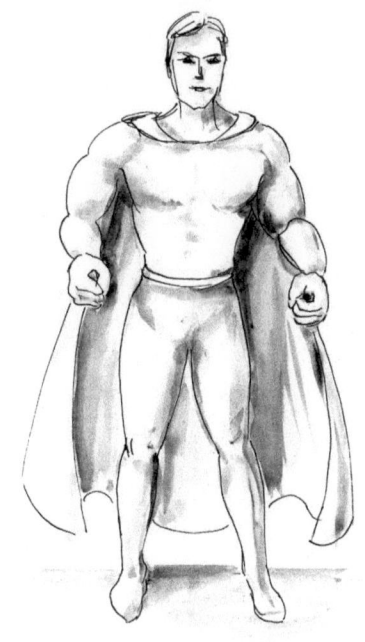

Der Supermann, Zeichnerin Britta Fischer

Unser Gehirn ist eine Einbahnstraße und lässt nur die stärksten Reize ins Bewusstsein kommen. Hier überwiegt der motorische Reiz deutlich. Es stellt sich bei dir das Gefühl von Stärke und Standhaftigkeit ein.

Treiben dich eher Sorgen um, so empfehle ich dir den **Pfiffikus**. Der Name ist Programm. Gehe leicht und beschwingt durch das Zimmer mit nach oben zeigenden Daumen und ausgebreiteten Armen und pfeife eine lustige Melodie. Diese Position soll dir die Vogelperspektive vermitteln. Du kannst die Sorgen mal aus der Ferne, also von oben betrachten. Aus der Ferne werden die Dinge klein und unscheinbar. Oft hört man ja den

Der Pfiffikus, Zeichnerin Britta Fischer

Spruch: „Ich pfeife auf meine Sorgen, gelebt wird heute und nicht morgen!" Sich ständig Sorgen zu machen ist kein Fortschritt und hilft nicht bei der Lösung der Sachlage. Ich empfehle das Buch „Sorge dich nicht – Lebe" von Dale Carnegie. Es erklärt diese Zusammenhänge. Es wird dir auch einleuchten, dass es nicht möglich ist, ein lustiges Lied zu pfeifen und sich gleichzeitig Sorgen zu machen. Somit unterbrichst du die Dauerschleife und die Gedanken kommen in eine andere Richtung.

Der **Bauchtänzer** kann gut funktionieren, wenn sich Ärger und Wut breitmachen. Stemme die Hände in die Hüften, nimm die Füße etwas auseinander, sodass

Die Bauchtänzerin, Zeichnerin Britta Fischer

du sicher stehst und schwinge deine Hüften wie beim Bauchtanz. Lächle dabei. Nachdem du deine Hüften geschwungen hast, recke die Arme in die Höhe und gähne herzhaft, um Luft abzulassen und beende diese Übung.

Zu guter Letzt kommt der altbekannte Stress an die Reihe. Ihn kannst du am Kragen packen, indem du herzhaft und ungeniert lachst und dir dabei auf die Oberschenkel klopfst. du kannst auch in die Hände klatschen. Beim Lachen wird unser Belohnungszentrum angesprochen und der Stresspegel sinkt.

Der Schenkelklopfer, Zeichnerin Britta Fischer

Diese kleinen Alltagshelfer sind selbstverständlich nicht die Universallösung für dein Hauptproblem. Trotzdem sind sie eine Bereicherung und einfach auszuführen. Sie heben die Stimmung, machen Spaß und kosten kein Geld.

Probier es einfach aus und hab Spaß.

Befreiungstechniken (BT)

Was steckt hinter diesem Begriff? Hierbei handelt es sich um Meridianpunkte, die mit bestimmten Emotionen verbunden sind. Beklopft man diese nach einer gewissen Reihenfolge, integriert sich die Emotion besser und du kannst mit dem Gefühl leichter umgehen. Dafür brauchst du jetzt meine Hilfe. Nun wird die Emotion, die am intensivsten dein Leben bestimmt, mit dem kybernetischen Muskeltest nach Dr. G.W. Goodheart getestet. Es können auch mehre Emotionen sein. Anschließend zeige ich dir passende Meridianpunkte, die du selbstständig beklopfst. Ich gebe dir weitere Hinweise, wie du besser mit deinen Emotionen umgehen kannst. Es können auch Bachblüten oder ätherische Öle das Geschehen unterstützen. Auf diesen Aspekt gehe ich im Abschnitt Chakra Yoga ein. So viel sei aber schon verraten, erfolgt die BT morgens oder abends, wird das Unterbewusstsein miteinbezogen. Du befindest dich entweder im noch nicht ganz munteren Zustand oder du bist schon ein wenig müde, die Ratio ist etwas vermindert und das Unterbewusstsein hat die Führung übernommen. Die Wirkung kannst du sofort spüren. Der Automatismus setzt nach 66 Tagen ein, dann ist es dir ein Bedürfnis, die BT anzuwenden. Bist du mit dir im Einklang, benötigst du diese Technik weniger. Bringt dich das Leben wieder einmal aus dem Gleichgewicht, so kannst du jederzeit drauf zurückgreifen. Denke immer daran, wir leben nicht im Vakuum.

Bis du die göttliche Gelassenheit erreicht hast, dauert es eine Weile. Dennoch können dich in diesem Stadion Zweifel plagen, dann meditiere oder bete.

Halte 66 Tage durch, dann fängt das friedliche Leben an.

Meditation in der heutigen Gesellschaft

Der Alltag verlangt oft mehr von uns ab, als wir geben können. Meditative Techniken können uns helfen, Wichtiges von weniger Wichtigem zu unterscheiden. Mit klaren Gedanken fallen uns Entscheidungen leichter und wir verzetteln uns nicht in Kleinigkeiten. Weshalb solltest du dich vor dieser einfachen und effektiven Methode verschließen? Du glaubst, das Erlernen ist so schwer? Du meinst, dir fehlen die Ruhe und die Zeit dafür? Meinst du, du bist zu alt, das zu erlernen? Autofahren hast du doch auch gelernt und Lesen, Schreiben, Rechnen. Hierfür hast du ebenfalls Zeit investiert, du warst teilweise sehr jung. Neues erlernen kann man in jedem Alter. Du denkst, das ist nur etwas für Mönche oder Manager?

Erstens hat jeder einmal damit angefangen und festgestellt, die Ruhe kann man erlernen. Mit etwas Geduld stellt sie sich von selbst ein. Es ist ja nicht ganz still. Es kommen Gedanken und es gehen Gedanken. Ähnlich wie auf einem Marktplatz, wo viele Menschen aneinander vorbeigehen und sich freundlich grüßen. Mehr nicht! Es gibt gute geführte Meditationen. Ich benutze die Chakren-Meditation von Dr. Karsten Wurm. Diese bieten verschiedene Vorteile. Er führt in die Mediation ein. Anschließend erfolgt eine allgemeine Öffnung des jeweiligen Chakras und eine tiefer führende Meditation. Musikalisch wird das Ganze von genau auf das Chakra abgestimmten Klängen eines sehr alten Saiteninstruments, eines Monochords, begleitet. Die Musik kannst du auch separat abspielen, beispielsweise beim Einschlafen oder bei kreativen Tätigkeiten. Zum Meditieren darfst du dir gerne Zeit nehmen. Plane für die Meditation mindestens 30 Minuten ein. Anschließend benötigst du Zeit, wieder ins Hier und Jetzt zurückzufinden. Trinke ein Glas sauberes Wasser und starte gestärkt in den Tag. Vor wichtigen Ereignissen und emotionalen Begegnungen wirkt sie ebenfalls hervorragend. Ich beispielsweise meditierte zwischen den Prüfungen zum Heilpraktiker und habe sehr gute Erfolge damit erzielt. Heute meditiere ich vor der Arbeit, ich bin energiegeladen und bin neutral, d. h. gelassen. Es gibt sicher viele Varianten von Meditationen und auch Gebete sind sicher eine gute Alternative. Ich kann aber nur von dem berichten, was ich selber erspürt und erlebt habe.

Buddha

Lass dich einfach darauf ein, erlebe, was da passiert, was du spürst und welche positiven Effekte es mit sich bringt. Viel Freude und Spaß dabei.

> **Meditation ist altbewährt und effektiv für jedermann.**

Der etwas andere Kalender/Jahresplaner

Kalender führen heute sehr viele von uns. Egal ob analog oder digital. Fakt ist, dort sind alle unsere wichtigen Termine aufbewahrt. Es ist doch genauso wichtig, seine Erfolge und Ziele greifbar zu haben und sie aufzuschreiben, damit du sie nicht vergisst. Hierfür eignet sich ein Jahresplaner. Er bietet Raum für deine kurzfristigen, mittelfristigen und langfristigen Ziele. Weiterhin hat er Platz für die wichtigsten Aufgaben an diesem Tag und wofür du danke sagen möchtest. Ebenso darfst du dir notieren, was du an diesem Tag nur für dich oder für andere getan hast.

Ich fülle meine Kalender jeden Abend mit den Notizen des Tages und kann somit noch einmal Rückschau halten. Am Wochenende trage ich die wichtigsten Ereignisse für die nächste Woche vor. Somit habe ich ein gutes Zeitmanagement, was ebenfalls keinen Stress aufkommen lässt. Es ist erstaunlich, wie vergesslich wir sind. Mir fällt auf, wenn ich aus irgendeinem Grund mal nicht dazukomme, den Planer auszufüllen, habe ich Probleme, mich ein bis zwei Tage zurückzuerinnern.

Jahresplaner KAIROS

Das ist doch nicht schlimm, meinst du? Genau dort
sind wir an dem Punkt, dass wir nicht bewusst nach-
vollziehen, was wir den ganzen Tag Großartiges leis-
ten. Daraus ergibt sich oft der Glaube, wir müssten
noch besser werden und noch mehr schaffen. Jeder Tag
hat für jeden Menschen 24 Stunden. Davon sind acht
Stunden für den Schlaf vorgesehen, acht Stunden für
die Arbeit, vier für Familie und Haushalt und die rest-
lichen vier für mich ganz allein. In dieser Zeit kann ich
das tun, wonach mir gerade zumute ist. Lesen, singen
ein Wannenbad, Spaziergang oder quatschen mit der
besten Freundin oder Freund, vielleicht auch einfach
mal nichts tun. Jetzt ist es an dir, mal deinen Tages-
plan, sofern du einen hast, zu vergleichen. Ein gutes

Zeitmanagement zeichnet sich in folgender Einteilung aus. Wir sollten unseren Tag zu 60 Prozent verplanen. Jetzt kommen noch 20 Prozent Zufall hinzu, denn wir wissen ja nicht, was der Tag so an Überraschungen bereithält. Die verbleibenden 20 Prozent sind zur freien Verfügung. Also für all diejenigen Dinge, die dir Freude und Erholung bringen.

Übrigens macht es Freude, diesen Jahresplaner auszufüllen. Zu besonderen Ereignissen gibt es Fotos oder eine Bemerkung, die mir wichtig ist. Dieses Arbeiten hilft mir sehr beim Strukturieren des Tages. Ich trage alle Termine ein, sei es ein Arztbesuch oder Freunde treffen. Die morgendliche Yoga-Stunde trage ich ebenfalls ein. Hier kann ich gut die Spreu vom Weizen trennen, denn ich trage nur Verpflichtungen ein, die mich in meiner Entwicklung voranbringen. Mein Fokus bleibt auf mein abgestimmtes Hauptziel gerichtet. du bekommst auch einen guten Überblick, was du bereits von deinen Zielen erreicht hast, oder auf welches Etappenziel du gerade hinarbeitest.

Mit guter Planung lebst du stressfrei.

Ziele und Wünsche

Diese unterscheiden sich insofern, dass Wünsche ungenau formuliert sind und irgendwo in der Ferne liegen. Ein Beispiel: Wenn ich einmal groß bin, möchte ich glücklich leben. Später möchte ich ein Instrument lernen usw.

Ziele sind machbar, messbar und motivierend (MMM). Machbar bedeutet, dass dieses Ziel für mich realistisch und umsetzbar ist. Messbar, hier werden Datum, Größe, Gewicht oder Farbe usw. festgelegt. Motivierbar bedeutet, welchen Vorteil habe ich, wenn ich das Ziel erreicht habe? Beispiel: Ich werde am 22.05.2021 mein Buch „Friedlich mit mir leben. Meine Welt ist bunt" fertig geschrieben haben. Motiv: Ich kann mir in Ruhe einen Verlag suchen und mich und meine großartige Therapie bekannter machen. Ich möchte, dass mehr Menschen davon profitieren. Ich werde im August 2022 zwanzig Kilometer mit meinem Mann wandern gehen. Unrealistische Ziele sind, dass ich 2025 auf den Mond fliege oder die Hälfte meines Körpergewichtes in zwei Monaten verliere. Manche Ziele setzt man sich kurzfristig. Endlich Urlaub mit der Familie, einen guten Freund besuchen oder den Keller aufräumen. Mittelfristige Ziele sind eher an Abläufe gebunden. Ein Haus bauen oder renovieren, eine Ausbildung beenden oder für ein Projekt, das in der Ferne liegt, eine Teilaufgabe erledigen. Die Summe X angespart zu haben, sich ein Teil für sein Großprojekt zu kaufen. In drei Jahren habe ich meine Ausbildung zum Heilpraktiker erfolgreich bestanden. Für meine Parkeisenbahn habe ich im Mai 2025 das Geld für den ersten Schienenkreis und Lokomotive mit Hänger zusammen.

So sieht meine Zielarbeit aus

Hast du etwas Großes vor und möchtest wissen, ob es realistisch ist und du alle Möglichkeiten ausgeschöpft hast, dann ist die Zielarbeit genau das Richtige für dich. Jetzt begeben wir uns in die Zukunft. Auf einem Zeitstrahl, der im Hier und Jetzt beginnt, legst du dein Ziel fest. Dieser Zeitstrahl wird mittels Bodenanker visualisiert. Du stehst mit beiden Füßen darauf und ich prüfe mit dem kybernetischen Muskeltest, wie stimmig das Ergebnis ist. Jetzt darfst du an die Umsetzung gehen und dich über die positiven Aspekte deines Handelns freuen. Die Zielarbeit gibt einen guten Überblick, was ist schon erreicht, und wo sind noch Chancen verborgen? Stehen mir noch Hindernisse im Weg oder bin ich schon am Ziel und erkenne es nicht? Soll es schon gegeben haben. Vielleicht ist das Ziel gar nicht dein Ziel oder zu nah oder zu weit von dir entfernt. Alle diese Fragen finden ihre Auflösung in der Zielarbeit auf dem Zeitstrahl.

Es ist auf jeden Fall angebracht, sich mit seinen bereits erreichten Zielen und seinen Niederlagen mal in Ruhe zu beschäftigen. Nimm dir ein Blatt Papier und schreibe zehn freudige und dich zutiefst beglückende Erlebnisse auf. Also Ereignisse, die dich tief berührt und nach vorn gebracht haben. Ebenso verführst du mit deinen negativen Erfahrungen. Zeichne ein Koordinatensystem mit einer Längsachse +10 bis -10 und eine Querachse von 0 bis 10. Trage deine Erfahrungen ein und verbinde alle Punkte miteinander. Daraus ergibt sich eine Kurve. Betrachte diese und ziehe eine Bilanz. Wellige Kurven sind normal, wenn sie harmonisch sind und Erholungstäler zeigen. Spitze Ausschläge zeigen viel Energieaufwand an und die Erholungsphasen sind nur kurz. Gehen die Spitzen vom Plus- in den Minusbereich und wieder hoch ins Plus, so brauchst du viel Energie, aber kannst dich auch selbst gut motivieren. Du kommst zwar an dein Ziel, jedoch ist es mit enormem Energieaufwand verbunden. Dies nagt an den Reserven und ermüdet irgendwann.

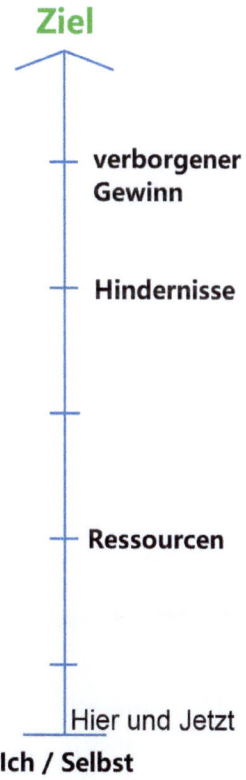

Dein Zeitstrahl

Bestandsaufnahme abgeschlossen und erst einmal auf sich wirken lassen. Es ist eine Rückschau, nicht mehr und nicht weniger. Weder gut noch schlecht. Es ist, wie es ist.

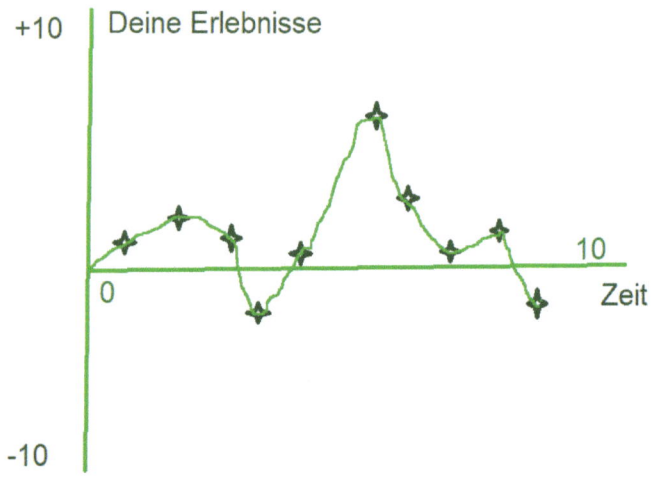

Eine mögliche grafische Veranschaulichung von freudigen und traurigen Ereignissen in deinem Leben

Es passiert eine ganze Menge in unserem Unterbewusstsein und es ruft in uns Emotionen und Gefühle hervor. Dadurch beurteilen wir uns selbst und unsere Mitmenschen, deren Handlungsweisen, und ziehen unsere Schlüsse daraus. Je zufriedener wir mit uns selbst sind, umso großzügiger gehen wir mit anderen und deren Verhalten um. Wir werden ebenfalls sensibilisiert für die Umwelt und wie sie sich uns darbietet. Wir nehmen Pflanzen, Tiere, Lärm und Schmutz in einem anderen Verhältnis war. Unsere Interessen sind nicht mehr nur auf uns selbst bezogen. Wir denken weiter und definieren, was für uns in Zukunft wichtig ist, in der wir leben wollen. So schließt sich der Kreis und das friedliche Leben zeigt seine charmante Seite.

Halte dir dein Ziel vor Augen.

Die Macht der Glaubenssätze

Was sind Glaubenssätze? Es sind Aussagen von uns oder anderen, die wir übernommen haben, ohne sie zu hinterfragen. Sie beschreiben Sachverhalte, die in bestimmten Situationen vorkommen und gebraucht werden. Wir nehmen sie teils bewusst, aber oft unbewusst wahr. Sie bestimmen teilweise unser Denken und Handeln. Somit beeinflussen diese Sätze unser Leben. Glaubenssätze kommen auch gehäuft in bestimmten Bevölkerungsschichten vor. Sie können schnell zu Klischees werden und somit Menschen oder Situationen bewerten. Ein paar Beispiele: Was Hänschen nicht lernt, lernt Hans nimmer mehr. Solange du deine Füße unter meinen

Ohne Fleiß kein Preis

Ich kann mein Leben in vollen Zügen genießen.

ERST DIE ARBEIT, DANN DAS VERGNÜGEN

Das kannst du nicht, das verstehst du nicht

Was die anderen über mich denken?

Ich akzeptiere meine Umwelt, so wie sie ist.

Tisch steckst, wird gemacht, was ich will. Das ist gut genug für dich. Zu mehr reicht es nicht. Ich kann mein Leben in vollen Zügen genießen. Erst die Arbeit, dann das Vergnügen. Und noch viele mehr.

Sie sind ja an sich nicht schlecht oder gut, aber manche bremsen uns aus. Wer immer zu hören bekommt, dass es reicht und gut genug ist, wird selten den Drang verspüren, mehr aus sich und seinem Leben zu machen. Hat man es dann doch getan, kann es vorkommen, dass man ein schlechtes Gewissen hat. Ebenso der Spruch, dass Geld den Charakter verdirbt, erweist sich als falsch. Es gibt sehr viele vermögende Menschen, die mitfühlend sind und sich für andere einsetzen. Genauso viele Mittellose sind streitsüchtig und abgestumpft. An der Menge des Geldes kann das wohl kaum liegen.

Die häufigsten Glaubenssätze habe ich für dich zusammengestellt und du darfst schauen, wie sie auf dich wirken.

- Erst die Arbeit, dann das Vergnügen.
- Geld verdirbt den Charakter.
- Ich darf mein Leben in vollen Zügen genießen.
- Ohne Fleiß kein Preis.
- Ich muss …
- Ich bin ein Verlierer.
- Ich bin krank, für immer geschädigt.
- Ich bin schwierig.
- Ich bin hässlich.
- Ich bin dumm.

Stellen wir die Sätze so um, dass ihre Aussage positiv ist, haben sie selbstverständlich einen fördernden Einfluss auf unser Leben. Sie bringen uns weiter und spornen uns an. Hierbei kann ich dich gerne unterstützen und mit dir gemeinsam die Glaubenssätze herausfinden, die dein Leben leichter machen und dir helfen, dein Potenzial zu entfalten.

> **Glaubenssätze können für dich förderlich oder schädlich sein.**

Systemische Aufstellungen
in der modernen Welt

Es gibt verschiedene Formen von Aufstellungen und die bekannteste ist jene von Bert Hellinger. Aufstellungen können einzeln und in der Gruppe erfolgen. Sie werden verdeckt oder offen gestaltet. Hier übernehmen sogenannte Stellvertreter die Position und Person der Familie oder Kollegen. Für die Person, für die aufgestellt wird, ist der Zuschauerplatz reserviert. Er kann jetzt die Szenerie von allen Seiten betrachten, erspüren, riechen und akustisch wahrnehmen. Er erfährt eine ganze Menge von Eindrücken und erlebt, wie andere sich dabei fühlen. Die Aufstellung gibt keine Lösung des Problems. Sie stellt es dar und gibt Impulse ins System, das nun in der Lage ist zu reagieren.

Für mich ist es wichtig, dass Konflikte gelöst werden und dies geschieht, indem man sie benennt, ausspricht, von allen Seiten betrachtet und sich hineinversetzt, damit das eigene Handeln begreifbar wird. Somit sortieren sich Emotionen und Gefühle. Sie werden besser wahrgenommen und in das richtige Verhältnis gesetzt. Der Ballast deines Lebens wird geringer und du kannst unbeschwert deinen eigenen Weg gehen. Du hast genügend eigene Baustellen und musst dich nicht mit den Belastungen anderer herumquälen, da du sie ja nicht ändern kannst. **Deins ist Deins und Meins ist Meins.**

Die Einzelaufstellung auf dem Zeitstrahl zur eigenen Zieldefinition habe ich schon erwähnt. In ähnlicher Weise kann ich dein Problem aufstellen oder ich benutze ein Brett mit Holzfiguren. Beides ist auch als Kombination eine gute Möglichkeit, deine Situation gut darzustellen. Bei der Brettaufstellung setzt du die Figuren und betrachtest die Situation dreidimensional. Ich agiere als neutraler Beobachter und Moderator.

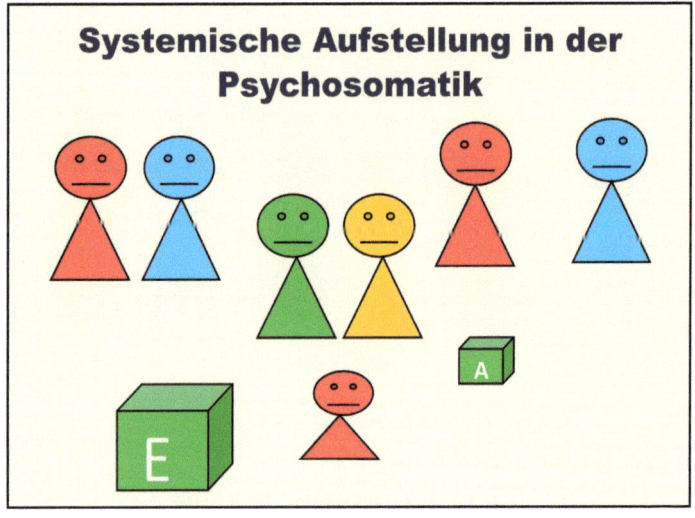

Systemische Aufstellung in der Psychosomatik mit Figuren

Viele Menschen haben heute nicht die Gelegenheit, über ihre Familiengeschichte zu reden. Entweder sind keine Angehörigen mehr vorhanden, die darüber Bescheid wissen, oder die Entfernung ist zu groß. Stammbäume existieren nicht und Kilometer trennen die Menschen, so wie auch die Verbundenheit zur Familie nicht optimal ist. Es gibt auch tragische Ereignisse, weshalb keiner Auskunft geben kann, und du eventuell zu dieser Form greifen kannst.

Wie schon erwähnt, ist es wichtig zu wissen: Woher komme ich, was sind meine Wurzeln? Dieses Verständnis ist ein gutes Fundament, um Weichen in seinem Leben stellen zu können. Wir leben zwar im Hier und Jetzt, doch um unsere Handlungen zu verstehen, sollten wir auch die Vergangenheit betrachten. Achtung, ich schaue zurück, erkenne die Sachlage und schließe damit ab.

> Es ist gewesen und vorbei.
> Es kommt nicht mehr zurück.
> Ich vergebe mir oder anderen.

Vergebung

Vergebung ist ein wichtiger Schritt, damit man friedlich mit sich leben kann. Erst wenn ich in der Lage bin, mir selbst zu vergeben, was ich getan oder auch nicht getan habe, bin ich auch bereit, anderen etwas zu vergeben. Vergeben ist nicht gleichzusetzen mit Gutheißen der Situation oder des Umstandes. Es bedeutet zu akzeptieren, was geschehen ist, und damit abzuschließen. Nach der Vergebung tritt Ruhe ein auf allen Seiten und die Dinge können sich neu ordnen. Friede kehrt ein, eine neutrale Betrachtung der Vergangenheit wird möglich, die Handlungsweise im Hier und Jetzt wird zielgerichteter. Das Gedankenkarussell hört auf sich zu drehen. Du hast Kapazitäten frei für die wirklich lohnenden Dinge deines Lebens.

Die Art und Weise, wie du dir selbst oder anderen vergibst, ist vielfältig. Es gibt gewisse Rituale und Gebete dafür, die je nach Kulturkreis anders ausfallen können. Du kannst auch toten Personen vergeben, wenn du vorher keine Gelegenheit hattest oder noch nicht dazu bereit warst. Oft wird die Vergebung in Form eines Briefes vollzogen. Zuerst wird schonungslos aufgeschrieben, was passiert ist und wie du es empfunden hast. Wenn du dir Luft gemacht hast, formulierst du im zweiten Teil deine Vergebung. Das ist der schwierigste Abschnitt und benötigt etwas Zeit. Manchmal ist es besser, den Brief ruhen zu lassen und später weiterzuschreiben. Hast du alles formuliert, lege ihn beiseite. Nach 24 Stunden darfst du ihn erneut lesen und neutral betrachten. Jetzt hast du verschiedene Möglichkeiten. Entweder du schickst den Brief an den Adressaten oder du gibst ihn ins offene Feuer. Das Feuer muss richtig lodern und der Brief wird in die hohen Flammen gegeben. Wie schon erwähnt, darfst du das auch alles für dich selbst erledigen. Es ist befreiend und schafft Raum und Energie für zukünftige Aktivitäten in deinem Leben.

> **Vergeben heißt nicht Gutheißen.**

Lebensrad

Was ist das Rad des Lebens? Es ist ein rotierendes Rad, das dir zeigt, wie dein Leben aussieht. Alles, worum sich dein Leben dreht, ist darin enthalten. Gesundheit, Familie, Beziehungen, Finanzen, Beruf, Sinn des Lebens und wenn du magst, noch vieles mehr. Hier kannst du visuell darstellen auf einer Skala von 0 – läuft gar nicht bis 10 mehr geht nicht, wie sich deine jetzigen Lebensbereiche anfühlen. Dort, wo die Delle am größten ist, ist Handlungsbedarf bitter nötig. Ansonsten wird es immer eine holprige Fahrt bleiben, du eierst durch dein Leben. Du meinst, du kannst durch andere Lebensbereiche dieses Defizit ausgleichen – falsch gedacht. Du hast eine Acht im Rad. Kurzfristig kannst du dein Problem ignorieren und dein Leben läuft weiter, aber irgendwann bist du erschöpft und alle anderen Lebensbereiche leiden darunter. Dieser Kreislauf macht müde und Freude schwindet. So kann aus dem Lebensrad ein Teufelsrad werden mit all seinen unangenehmen Wirkungen. Der Teufel ist aber bekanntlich nicht der friedlichste Geselle und die meisten wünschen ihn zu demselbigen. Lass es groß und rund sein, erfreue dich an deinem Leben, dafür ist es ja geschaffen wurden.

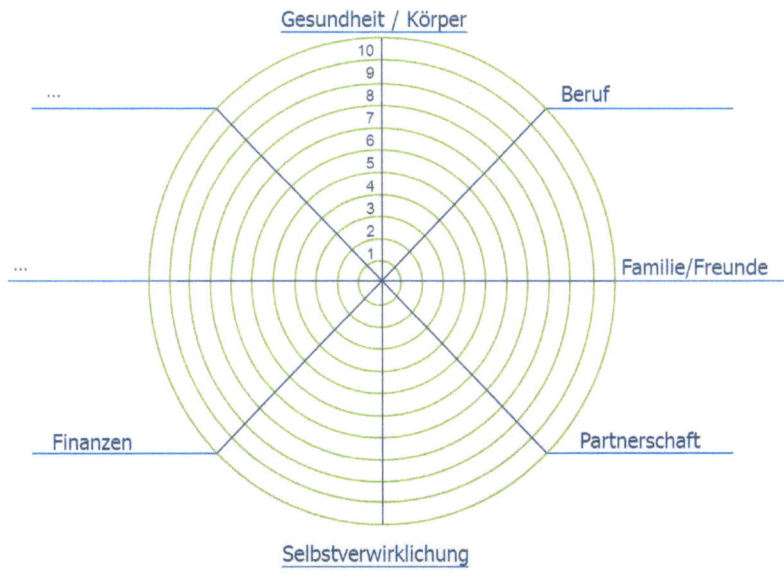

Das Lebensrad

LEBENS-Mittel

Je bunter, desto gesünder, denn auf die Vielfältigkeit der Lebensmittel kommt es an. Alles in Maßen genießen ist meine Devise. Dabei achte ich auf Klasse statt Masse. Die Lebensmittel sorgen dafür, dass ich ausreichend genügend Nährstoffe habe, um gesund zu sein. In dem Wort Lebensmittel steckt **„Leben"** drin. Die Produkte sollten im Idealfall gelebt haben. Ich meine damit glückliche Tiere, artgerechte Haltung und Verarbeitung sowie den Lebensraum der Pflanzen. Gewächse, die nie Sonne gesehen haben, und wenn, dann nur durch die Scheibe, können wenig bis gar keine Energie aufnehmen und abgeben. Sonnengereifte Früchte und Pflanzen haben die für sie typischen Vitamine und Mineralstoffe. Mögen die Früchte oder das Gemüse Frischluft bekommen haben, aber haben zu uns unzählige Kilometer zurückgelegt, geht die Hälfte der guten Inhaltsstoffe verloren. Mit unreifen Sorten, die dann nachgreift werden, sieht es auch nicht besser aus. Mitunter verzehren wir Nahrungsmittel, die diesen Namen nicht einmal verdienen. Oft verkonsumieren wir nur noch die schöne Hülle von Speisen. Beim Wurst- und Fleischkonsum verhält es sich leider nicht anders. Weder die Haltung, Schlachtung noch Verarbeitung tut Tier und Mensch gut. Wieso muss ein Lebensmittel Jahre haltbar gemacht werden? Ich glaubte immer, diese Produkte sind für den Verzehr hergestellt und nicht zum Einlagern. Hier haben wir großen Spielraum, was die Auswahl anbelangt. Unsere Großeltern sind auch nicht unterernährt gewesen oder verhungert, weil sie nicht zu jeder Jahres- und Tageszeit alle möglichen Produkte zur Verfügung hatten. Im Gegenteil, sie waren gesünder, da sie das gegessen haben, was die Saison hergab. Viele Allergien sind durch ein Übermaß an Produkten entstanden, die es in unserer Region aufgrund klimatischer Bedingungen nicht oder nicht dauerhaft gab. Die Verfeinerung mancher Rohstoffe spielt auch eine Rolle. Damit industriemäßig kostengünstiger produziert werden kann, wurden Getreidesorten so gezüchtet, dass sie optimal verarbeitet werden können. Geschmacksverstärker und Co. tun ihr Übriges dazu. Überdüngung und Spritzmittel gegen Schädlinge machen unsere Lebensmittel nicht genießbarer. Würzen kann ich mir meinen

Salat alleine. Damit die Kühltruhen weiter überquellen, werden Tiere in Großanlagen gehalten. Zur Seuchenbekämpfung gibt es Antibiotika und andere leckere Medikamente. Schluckst du Pillen, wenn du gesund bist? Weshalb dann in Wurst oder Fleisch?

Ernährung und Essen hat viel mit Genuss zu tun. Jedes Tier in freier Wildbahn sucht sich die leckersten Kräuter und Pflanzen heraus, wenn man sie lässt. Weshalb nimmst du freiwillig minderwertige Nahrung zu dir? Wie willst du kraftvoll und vital sein, wenn dein Verbrennungsmotor mit gepanschtem Sprit läuft? Deinem Auto würdest du das nicht antun, um einen Rekord zu brechen. Das heißt, wenn du Spitzenleistung erzielen möchtest, musst du auch supergute Qualität verzehren. Das heißt nicht, immer nur vom Feinsten, sondern eher vom gesündesten. Sprich, von dem, was artgerecht gelebt hat und möglichst nicht vorbehandelt bzw. verfeinert wurde. Alles was schon mal in großen Mengen verpackt ist und lange haltbar gemacht wurde, hat seine Natürlichkeit verloren. Oder ganz streng genommen: Iss nichts, was ein Etikett besitzt! Alle grünen Pflanzen, die du essen kannst, sind sehr gut geeignet, die Fließgeschwindigkeit und Beschaffenheit deines Blutes zu verbessern. Wurzelgemüse stellt die Verbindung zur Erde her. Gibt uns viele Mineralstoffe, die wiederum für Stabilität sorgen. Ingwer, Kurkuma und Curry eignen sich wunderbar zum Würzen und sind ideale Entzündungshemmer. Das Feuer, das sie im Körper entfachen, sorgt für die entsprechende Temperatur im Verdauungstrakt und macht so manchem Erreger den Garaus. Kräuter ergänzen ebenfalls auf vielfältige Weise unseren Speisezettel. Sie können anregend und beruhigend wirken.

LoGI – Pyramide

Das sind nur ein paar Beispiele und so ein buntes Essen bringt Abwechslung auf den Tisch, sieht gut aus, riecht gut, und vor allem schmeckt es ausgezeichnet. Es sorgt für gute Laune, denn das Auge isst ja bekanntlich mit. Experimentiere ruhig ein wenig und lass dich vom Ergebnis überraschen und überzeugen. Guten Appetit!

> **Iss bunt, dann bleibst du jung und gesund.**

LEBENS-Elixier Wasser

Der Mensch besteht zu 90 Prozent aus Wasser. Alle Zellen in unserem Körper benötigen es. Wasser ist die Grundlage allen Lebens. Wir können nur drei Tage ohne Flüssigkeit auskommen. Der Organismus trocknet aus und verliert Mineralstoffe, die zum Überleben wichtig sind. Das Gehirn leidet auch unter Flüssigkeitsverlust, was sich in Konzentrationsmangel und Verwirrtheit äußert. Es macht Sinn, zwei bis drei Liter am Tag zu trinken, damit alle Organe gut versorgt werden und es zu keinen Mangelerscheinungen kommt. Geeignet sind vor allem sauberes Trinkwasser, Tee und geringe Mengen an Kaffee.

Was verstehe ich unter sauberem Wasser? Im Idealfall frisches Quellwasser. Leider ist dies nur wenigen von uns vergönnt. Die meisten Menschen bekommen ihr Trinkwasser aus der Leitung. Dieses ist im Groben gereinigt und so aufbereitet, dass es uns akut keinen Schaden zufügen kann. Es ist genießbar, aber leider mit vielen Schadstoffen versehen. Diese gelangen durch die zunehmende Vergiftung unserer Umwelt dort hinein. Diese Verunreinigungen, z. B. überdüngte Felder, wirken sich auf das Grundwasser und letztendlich auf unser Trinkwasser aus. Weitere Ursachen sind Gülle und Klärschlamm, der mit Medikamentenrückständen belastet ist. Ebenfalls finden wir in den Proben Schwermetalle und Rückstände von anderen Umweltgiften. Über

Jahre konsumiert, ist das für unseren Körper schädlich. Mineralwässer haben leider auch keinen besseren Ruf. Das Abkochen von Wasser hilft nur bei bestimmten Bakterien und Pilzen. Der Verschmutzung ist ja nicht sichtbar und uns deshalb auch nicht bewusst. Jede Zelle unseres Körpers hat nun die Aufgabe, diese Flüssigkeit zu reinigen. Oft gelingt es aber nicht und wir werden auf Dauer krank. Mitunter gibt es auch Doppeleffekte und wir reagieren allergisch, da ja im Wasser Stoffe enthalten sind, die sich mit denen, die wir zu uns nehmen, nicht vertragen.

Großteich Oberau

Wie kann ich das verhindern? Es gibt sehr gute Filteranlagen, die an die Wasserleitung angeschlossen werden. Dort werden die belastenden Schadstoffe eliminiert. Das hat noch einen weiteren Vorteil, du kannst dein Wasser aus dem Hahn zapfen und brauchst keine Flaschen mehr hin- und herzuschleppen. Der Umwelt kommt es auch zugute, da Ressourcen geschont werden und nicht so viel Müll anfällt. Außerdem hast du immer frisches Wasser im Haus, es sei denn, du hast deine Rechnung nicht bezahlt und jemand hat dir den Hahn abgedreht. Diese Filter sind auch insofern optimal, weil sie das Wasser strukturieren und dadurch beleben. Belebtes Wasser lässt die Pflanzen gedeihen und somit bekommst du gleich noch gesunde essbare Produkte frei Haus. So schließt sich der Kreislauf von Lebensmitteln und Wasser auf natürliche Art und Weise. Auch du kannst durch dein Konsumverhalten dazu beitragen, ökologisch und ökonomisch sauber zu bleiben. Nutzt du zum Reinigen Wasser aus einer Filteranlage, sind die meisten chemischen Putzmittel überflüssig

Du hast es in der Hand, wie du mit deinem Körper umgehst. Welche Prioritäten du setzt und welches Vorbild du sein möchtest. Wasser ist weit mehr als nur ein feuchtes Element. Es ist Lebensraum und Lebensquelle für alle auf dieser Erde. Ohne Wasser kein Leben. Das unterscheidet uns von allen anderen Planeten. Es ist ein kostbares Gut. Wir müssen es bewahren, beschützen und vor Missbrauch verteidigen. Es ist nicht selbstverständlich, zu jeder Tages- und Nachtzeit Trinkwasser in ausreichender Menge zur Verfügung zu haben. In einigen Ländern ist es knapp und teuer. Dies liegt zum einen an der geografischen Lage und zum anderen am Entwicklungsstand der Region. Es schlagen aber auch immer mehr Großkonzerne als Monopole ihren Gewinn aus dieser Tatsache und verkaufen das kostbare Gut zu überteuerten Preisen. Jeden Tag benötigen wir das kostbare Nass auf vielfältige Art und Weise. Achte auf Seifen und Waschmittel, die schnell und ohne viele Rückstände abgebaut werden können. Naturseifen von Kopf bis Fuß schützen nicht nur deine Haut, sondern auch die Umwelt. Gleiches gilt für Waschmittel in Pulverform oder Waschnüsse für nicht so verschmutzte Kleidung. Auf Weichspüler und Duftstoffe kannst du getrost verzichten. Die chemischen Substanzen lösen eventuell Allergien aus. Gehe oft am Wasser spazieren, lass dich von ihm inspirieren und vielleicht in ferne Länder entführen. Viel Freude im, auf, am und mit dem Wasser.

Sauberes Nass macht Spaß.

Elektrische Felder

Sie sind so alt wie die Welt. Manche von ihnen haben zugenommen, andere wiederum abgenommen. Wir benötigen sie im ausgewogenen Maße zum Leben wie Wasser, Licht und Sonne. Ihre Entdeckung und ihr Einsatz für die Menschen haben unser Leben leichter und bequemer gemacht. Durch gezielten Einsatz von Röntgenstrahlen ist so manches sichtbar geworden und konnte gerade in der Medizin gut behandelt werden. Das Magnetfeld Erde spüren wir besonders durch die Erdanziehungskraft. Menschen, die lange Zeit im All zugebracht haben, bekommen Probleme mit der Skelettmuskulatur und der Koordination. Selbst das Herz-Kreis-Laufsystem bekommt Schwierigkeiten, da es auf Druck angewiesen ist. In der Medizin findet die Magnetfeldtherapie mit ihren Frequenzen bereits ihren Einsatz. Ultrakurz- und Langwellen sind von jeher für die Kommunikation genutzt wurden. Sei es Funk, TV oder heute PC und Smartphone. Was vor einigen Jahren zur Überwindung von großen Entfernungen ein Segen war, ist heute am Esstisch ein Fluch.

Die moderne Technik bringt sicher große Vorteile, aber manche Menschen finden den Ausschalter nicht. Dort liegt eine große Gefahr für uns alle. Die ultrakurzen Wellen sind schädlich für unsere Körperzellen. Sie bringen ihre elektrische Ladung durcheinander und somit verändert sich die Zellmembran und ihre Spannung.

Somit kann der Ionenaustausch nicht optimal erfolgen und es kann zu funktionalen Störungen im Gewebe und somit in unserem Körper kommen. Die Symptome sind sehr vielfältig: Kopfschmerzen, Unruhe, Schlaflosigkeit, Gereiztheit und Konzentrationsstörungen, um nur einige zu nennen.

Im Bereich der Beleuchtung hat sich auch vieles verändert. Wir können die Nacht zum Tag machen und bringen unseren Wach- und Schlafrhythmus durcheinander. Der Ehrgeiz, Energie zu sparen, hierfür entwickelte Beleuchtung einzusetzen, schädigt unsere Augen. Das helle grelle LED-Licht hat Einfluss auf die

Lichtempfindlichkeit des Auges und auf die Produktion von unserem Schlafhormon Melatonin. WLAN und Bluetooth sind auf Dauer ebenso schädlich für unsere Gesundheit, da wir ständig im Dauerfeuer von ihnen sind und unser Körper immer darauf reagieren muss. Diese dauerhafte Bestrahlung hört ja nicht im Freizeitbereich auf. Überall begegnet man Menschen mit mobilen Telefonen und demzufolge vielen Funkmasten.

> **Elektrische Felder sind Fluch und Segen gleichermaßen.**

Der digitale Wahnsinn

Wie bereits erwähnt, ist die Dauerbestrahlung für unsere Körperzellen jeder Art nicht gesundheitsfördernd. Die ständige Erreichbarkeit hat ebenfalls ihre Schattenseiten. Der menschliche Organismus ist nicht in der Lage, dauerhaft in Alarmbereitschaft zu sein. Wir brauchen Anspannungs- und Entspannungsphasen. Ein Handy oder eine Smartwatch, das/die uns zu jeder Tageszeit über alles informiert, bewirkt genau das Gegenteil. Unser Erregungspotenzial wird nach oben gefahren und wir benötigen für solche Dinge Energie. Damit wird allmählich der Blutdruck gesteigert, das heißt, das Herz muss mehr arbeiten. Der erhöhte Blutdruck ist für die Arterien purer Stress und setzt die Gefäßwände unter Spannung. Dies verursacht Entzündungen an der Innenwand der Arterie. Sie wird dadurch eng, folglich bleibt der Blutdruck erhöht. Er muss ja diese Engstelle passieren und das baut Druck auf. Die Cortisolproduktion wird erhöht, um eventuelle Verletzungen zu heilen. Die Verdauung wird reduziert, denn wir sind ja im Stressmodus. Unser Körper kann nicht unterscheiden, ob eine reale Gefahr besteht oder wir mental gestresst sind. Er reagiert immer auf dieselbe Art und Weise. Die ständigen kleinen Attacken lassen unseren Körper nicht zur Ruhe kommen und es entsteht ein Teufelskreis. Das immer wieder Herauf- und Herunterfahren des vegetativen Nervensystems verbraucht enorme Energie und kann erschöpfen. Das erklärt, weshalb manche von uns abends völlig kaputt sind und dabei gar nicht körperlich gearbeitet haben. Ein weiterer Aspekt ist, dass manche Botschaft, die wir jetzt nicht benötigen, auch negative Impulse sendet. So regen wir uns wegen nichts auf oder ärgern uns über etwas, was wir gar nicht wissen wollten. Die Botschaft, die wir erhalten, bleibt doch die gleiche. Es ist doch völlig egal, ob wir sie eine Stunde früher oder später erhalten. In den meisten Fällen können wir aus der Ferne nichts ändern, außer unsere Meinung dazu sagen. Jedes Lebewesen braucht Ruhe und Entspannung, weshalb sollten wir da eine Ausnahme sein?

Die schöne, vielseitige, digitale Welt hat Vorteile. Wir können sie an jeden Ort benutzen und sie ist heute leicht zu transportieren. Sie hat auch in der Medizin Einzug gehalten. Schrittzähler, Blutdruck und Pulsmesser und Chips für den Blutzuckerspiegel und noch vieles mehr. Einige dieser kleinen Helfer sind sicher ganz sinnvoll und nützlich. Andere verleiten dazu, dass wir nur noch auf die Technik vertrauen. Wir verlassen uns nicht auf unser Körpergefühl und unsere Wahrnehmung verarmt. Weshalb muss man beim Joggen noch Musik in den Ohren haben? Laufen an der frischen Luft hat doch auch etwas mit der Liebe zur Natur zu tun. Weshalb blenden wir dann die Geräusche der Natur aus? Oder laufen wir vor irgendetwas davon? Da kann man doch gleich auf dem Laufband trainieren und an allen Geräten verkabelt sein, die Messwerte aufzeichnen. Brauchst du das wirklich? Was nützt dir dieses Wissen, wenn du kein Spitzensportler bist und du deine Trainingszeiten unbedingt verbessern musst? Höre lieber mal wieder auf deinen Körper. Spüre dich, nimm dich wahr.

Unsere täglichen Kommunikationsmittel

Wer sich selbst wahrnimmt, hat auch ein Gespür für andere. Es ist doch viel intensiver, live miteinander zu kommunizieren, als ständig durch digitale Medien abgelenkt zu sein. Gönne dir und deinen Lieben eine Pause vom digitalen Leben. Entdecke wieder die reale Welt mit ihren vielen interessanten Details. Du wirst erleben, wie gut dir das tut und wie abwechslungsreich dein Leben wieder sein kann. Probiere es einfach aus. Viel Spaß dabei.

Schalte öfter ab.

Fremdbestimmung

Wo fängt sie an, wo hört sie auf? Jedes Wesen ist ein Individuum. Es hat ureigene Bedürfnisse zum Leben und Überleben. Sobald es sich in einer Gruppe aufhält, muss es sich einordnen oder unterordnen. Die Existenz der Gruppe geht über die des Einzelnen hinaus. Es handelt sich hier um Regeln, die das Miteinander garantieren und Streit und Krankheiten verhindern sollen. Auf den Menschen übertragen heißt das: Es gibt Gesetze und Spielregeln, die das friedliche Zusammenleben der Menschen in einer Gruppe, in einem Land und der Völker untereinander regeln sollen. Auf die einzelne Person bezogen hast du dich an die Gesetze zu halten, damit du und andere keinen Schaden erleiden. Diese Art von Fremdbestimmung ist völlig in Ordnung und du kannst dir aussuchen, in welcher Gruppe, Land oder Volk du leben möchtest. Ich meine die Fremdbestimmung. die schleichend und allgegenwärtig ist. Du kennst das doch, alle tun es, also tu ich das auch? Es liegt eben im Trend. Selbst die gut gemeinten Ratschläge von Krankenkassen, Banken oder Händlern und Unternehmen, die nur noch bestimmte Dienstleistungen zu gesetzten Konditionen anbieten, bestimmen immer mehr unser Tun und Handeln. Ganz zu schweigen von den Medien. Diese erklären, was richtig und falsch ist, und welche Fernsehserie du nicht verpassen darfst. Selbst in der Mode finden wir dieses Phänomen. Trägst du nicht die richtige Marke, gehörst du nicht dazu. Wer will schon gerne Außenseiter sein? Die wenigsten von uns sind sich selbst genug. Darum geht es aber gar nicht.

Ich möchte selbst entscheiden, wie ich bezahle, bar oder mit Karte. Die Anonymität beim Abwickeln von Bankgeschäften oder Antragsstellungen bei Kassen oder Ämtern möchte ich selbst wählen dürfen. Entweder macht man heute alles über eine App oder ich verbringe sinnlose Zeit in einer Warteschleife einer Hotline. Das kostet mich Lebenszeit und Energie. Diese möchte ich anders einsetzen. So geschieht es im Alltag ganz unbemerkt, wie andere über uns und unsere Zeit bestimmen. Wir verlieren allmählich unsere Entscheidungskompetenz und die Verantwortung für unser Tun und Handeln. Manche Menschen kommen mir wie ferngesteuert vor. Das mache ich an ihren Äußerungen fest: „Mir doch egal", „Die da werden schon wissen ..." „Mein Doktor meint, das ist so und so", „Ich bin doch bloß ein Laie und verstehe das sowieso nicht."

Ich empfinde es als sehr respektlos, wenn mir fremde Personen erklären, was ich tun muss, um ihre Wünsche zu erfüllen. Das Wort „müssen" hat für mich eine Art Befehlston. Ich kann etwas gerne wollen, damit sich der andere wohlfühlt, aber ich lasse mich nicht von ihm kommandieren.

Alles, was wir tun, sollte von Liebe begleitet sein, damit es gelingen kann. So vergessen die meisten Menschen den respektvollen Umgang mit ihren Mitmenschen, da sie kein Gefühl für ein selbstbestimmtes Leben mehr haben. Selbstbestimmt zu leben heißt, Entscheidungen treffen für mich und eventuell für andere. Das kostet Kraft und mitunter Anstrengung. Viele sind einfach zu bequem, sich dieser Verantwortung zu stellen und wollen diese abschieben. Die Schuld haben dann die Umstände oder andere. Sie begeben sich in den Opfermodus und verweilen darin. Das spart einerseits Energie, aber andererseits lebst du dann ein Leben, das andere für dich vorgesehen haben. Irgendwann kommst du an dem Punkt an, wo das nicht mehr funktioniert. Du bist gezwungen, deine Geschicke selbst in die Hand zu nehmen. Das fällt dir schwer, da du darin wenig Übung hast. Fazit: Du benötigst wieder viel Kraft und Energie, um aus diesem Dilemma herauszukommen. Diese Anstrengung lohnt sich in jedem Fall und der Lohn ist die Freiheit zu tun, was du liebst. Somit nimmst du dem Alltag die Tristesse, hast gute Laune und bist für deine Mitmenschen ein angenehmer Zeitgenosse. Damit gelingen dir deine Projekte leichter und das Ergebnis kann sich sehen lassen. Überlege dir bitte gut und genau, was du von deiner Privatsphäre mit den sozialen Medien teilst und an Dritte weitergibst. Das Netz vergisst nichts. Ein altes Sprichwort sagt: „Wenn über eine dumme Sache endlich Gras gewachsen ist, kommt sicher ein Kamel gelaufen, das alles wieder runterfrisst." Geh bitte auch sehr sorgsam mit Bildern deiner Kinder und Enkel um. Sie können die Dimension nicht einschätzen und wenn sie dann erwachsen sind, können sie es nicht mehr rückgängig machen.

Fremdbestimmung findet ebenso in der kleinsten Einheit der Familie statt. Es ist natürlich sinnvoll, wenn die Mutti oder der Papa das kleine Kind vor Gefahren schützt und Rahmenbedingungen schafft, in dem es aufwachsen kann. Trotzdem sollte es möglich sein, dass das Kind nach seinen Fähigkeiten gefördert wird und nicht nach dem, was die Eltern gern für ein Kind haben wollen. Oft werden die Ziele und Träume, die man sich selbst nicht erfüllt oder verwehrt hatte, in das Kind projiziert. Ein Kind kann nicht du sein. Jeder ist für sein Leben selbst verantwortlich und was er daraus macht. Wir können mit Rat und Tat zur Seite sehen, leben darf derjenige bitte selbst und nach seiner Vorstellung. Dieses Prinzip gilt auch für Paare. Klar passt man sich auf eine gewisse Art und Weise an, um nicht ständig aneinanderzugeraten. Doch verbiegen braucht man sich nicht. In der Beziehung sollte jeder so viel Freiraum haben, dass er sein Potenzial entfalten kann und seine Vorlieben leben darf, sofern sie dem anderen keinen Schaden zufügen. Wir werden den lieben Menschen neben uns nicht umerziehen, denn dann ist er nicht mehr der, den wir uns ausgesucht haben. Du lernst einfach mit der Zeit, die kleinen Macken und Tücken zu lieben, da du dich ja selbst liebst und auch so geliebt werden möchtest. Genau das ist es, was uns ausmacht. Liebe ist bedingungslos und keine Maschine kann Gefühle empfinden, maximal interpretieren. Wir sind doch keine ferngesteuerten Objekte, die ein vorgefertigtes perfektes Leben abarbeiten möchten. Ich möchte spüren, empfinden, auch wenn es mal schmerzhaft ist. Das macht reales Leben mit all seinen Facetten aus. Die Welt besteht aus Dualität. Wo Licht ist, ist Schatten, wo Freude auch Trauer. Alles im richtigen Maß ist völlig in Ordnung. Finde zu dir selbst und lebe danach. Es wird spannend und nie langweilig.

> **Sei du selbst.**

Lieblingsthema: Meine Welt ist bunt!

Ich beschäftige mich am liebsten mit Chakren und was sie bewirken. Chakren sind Energiewirbel. Sie befinden sich auf der Vorder- und Rückseite unseres Körpers und sind strukturell nicht zu erfassen. Sie dienen der Aufnahme, Verteilung und Weiterleitung von Energie. Ihre Eigenschaften sind unterschiedlicher Natur und deren Farben entsprechen den Farben des Regenbogens. Es gibt sieben Hauptchakren und ein Seelenchakra. Jedes hat eine spezifische Aufgabe, hat ein Komplimentärchakra und steht mit den anderen in Verbindung. Ist der Energiefluss gestört, hat dies vielerlei Auswirkungen auf körperlicher, seelischer und geistiger Ebene. Die Ursache kann in einer Energieblockade, Energiemangel sowie in beidem zu finden sein. Von Blockaden ist die Rede, wenn Energie zwar vorhanden ist, aber sie nicht fließen kann. Bestimmte Bereiche des Körpers werden schlecht oder gar nicht versorgt. Die Kommunikation der Chakren ist gestört. Energiemangel kann entstehen, indem die Aufnahme verhindert ist oder durch ein Ereignis viel Energie verbraucht wurde. Zum Beispiel kann eine Erkrankung eines Organes oder ein Trauma Energiemangel hervorrufen.

Multimediaspringbrunnen in Bad Kissingen (Bayern)

Mit dem Chakra-Yoga zeige ich dir, wie alles miteinander verbunden ist, und mit welchen Übungen du deine Energie zum Fließen bringen kannst. Es sind nicht allein die Farben und die Übungen, die Schwung in den Körper bringen, sondern noch einige andere Elemente. Öle, Bachblüten, Edelsteine und Affirmationen runden das Ganze ab und können gut in deinen Alltag integriert werden. Mir haben diese Elemente sehr geholfen, meine Mitte zu finden und mit mir Frieden zu schließen. Ich praktiziere täglich etwas davon und gebe leidenschaftlich gerne Chakra-Yoga-Kurse. Es ist eine Reise, auf die ich mich mit meinen Teilnehmern begebe. Die Veränderung vollzieht sich ganz individuell und jeder kann für sich und seine Lebenssituation etwas mitnehmen. Der Kurs ist so angelegt, dass jeder am Ende seine Chakren kennt und sie ein halbes

Jahr intensiv trainiert. Damit du eine Vorstellung von dem bekommst, was ich meine, zeige ich dir auf, wie Farben auf uns wirken und wie Chakren positiv dein Leben beeinflussen.

Bringe deine Energie zum Fließen.

Die Macht der Farben

Meine Welt ist bunt und das ist kein Geheimnis. Mit bunt verbinden die meisten Menschen Farben. Was sind Farben? Für mich sind Farben das sichtbare Licht, das durch Brechung des Lichtstrahles entsteht. Jedes Lebewesen hat seine eigene Farbwahrnehmung. Sie ist abhängig von der Struktur der Sehorgane. Ich möchte mich hier auf das Farbspektrum des Regenbogens beziehen, und zwar genau auf den sichtbaren Teil. Es kommt in unterschiedlichen Nuancen in der Natur vor. Sie sind für bestimmte Aufgaben verantwortlich.

Regenbogen über Dresden

Alle **roten** Töne sind schon mal warm und haben eine Signalwirkung. Wärme bedeutet Energie, das heißt, sie besitzen viel von dieser oder können sie aufnehmen oder abgeben. Schauen wir uns mal die Kuppe eines Fliegenpilzes an. Seine rote Kappe mit weißen Punkten erregt Aufmerksamkeit. Energie wird abgestrahlt. Seine Giftigkeit benötigt auch Energie, um wirken zu können und wir wissen aus Erfahrung, was so stark leuchtet, kann Gefahr bedeuten. Rot steht für Wärme, Energie, Aufmerksamkeit und manchmal für Gefahr. In der modernen Zeit benutzen wir Rot als Signalfarbe für Achtung oder Gefahr. Die Power dieser Farbe ist belebend und spornt uns an. Je dunkler und intensiver, desto größer seine Wirkung. Unser Blut ist ja bekanntlich auch rot und bei Wärme fließt es schneller durch unsere Adern. Alles, was mit viel Leidenschaft verknüpft ist, wird rot dargestellt. Das Herz für Verliebte prangt in leuchtendem Rot und jeder weiß, was damit gemeint ist.

Alles **Gelbe** ist ebenfalls warm, aber ihm fehlt die Kraft des Feuers. Gelb verbinde ich mit Wärme und Hitze. Dieser Farbton zeichnet sich durch seine Leuchtkraft aus und ist sehr anziehend. In der Natur ist im Frühjahr diese Farbe oft vorhanden, um die Insekten zur Bestäubung anzulocken. Die Wärme der Gelbtöne ist belebend und wir empfinden die ersten März-Sonnenstrahlen als sehr angenehm. Steigt jedoch dieser Himmelskörper höher an den Zenit, kann es schon mal unbehaglich werden. Wir entledigen uns überflüssiger Kleidung, um Kühlung zu erfahren. Licht wird oft im warmen Gelbton als angenehm empfunden, da es das Auge nicht so reizt und die Serotoninproduktion, also unser Glückshormon, anregt. Aus diesem Grund sind wir an Sonnentagen auch besser drauf. Diese Tatsache lässt auch unser Schlafhormon Melatonin ansteigen und für einen erholsamen Schlaf sorgen. Auf unserem Körper bezogen finden wir diese Farbvariante im Bauchbereich. Der Solarplexus heißt ja Sonnengeflecht, weil von ihm viel Energie ausgeht und verteilt wird. Die Sonne ist Lebensspender, ohne Licht kein Leben auf Erden. Also leuchte auch du wie die Sonne und sei der Sonnenschein für dich und andere. Zu viel Hitze im Bauchraum ist ungesund und kann sich auf die Nieren, den Darm, den Magen und auf die Leber schlagen. Im geringsten Fall gibt es Tumult und du scheidest den Verursacher aus oder er macht sich in Form von Wut und Groll bemerkbar. Hier sind beruhigende Mittel angezeigt.

Grün ist die Farbe der Hoffnung und eher als neutral zu betrachten. Aufregung und Hektik legen sich und Ordnung stellt sich ein. Hoffnung ist mit Zuversicht verbunden, sodass alles wieder gut und heil wird. So begegnen uns im Alltag Menschen, die Zuversicht und Heilung versprechen, oft in grüner Kleidung. Dem Auge tut diese Farbe ebenfalls gut, weil sie im Farbspektrum als neutral angesehen wird. Die Natur zeigt uns je nach Jahreszeit sehr unterschiedliche grüne Farbbeispiele. Das junge Grün des Frühlings ist für viele Menschen und Tiere das Zeichen zum Aufbruch und Neubeginn. Stimmen wir einer Unternehmung oder einer Sache zu, so geben wir ihr grünes Licht. Das heißt, wir sind der festen

Überzeugung, dass es gelingen wird und wenig Verdruss zu verzeichnen ist. Selbst der Spruch „Die Hoffnung stirbt zuletzt" beweist, wie zäh und ausdauernd die Natur ist. Wie viel Hoffnung und Zuversicht stecken in dir?

Der **blaue** Bereich der Farbskala wird in die kühlere Kategorie eingeteilt. Von Hellblau bis Violett geht Abkühlung, Abstand und Distanz aus. Betrachten wir mal den Himmel. Vom Postkartenhimmel bis Nachthimmel geht Erfrischung aus. Er ist oft optisch zum Greifen nah und doch so fern. Die Kühle beruhigt das Gemüt, sie bringt Klarheit und Frische in dein Leben. Es ist mitunter sehr hilfreich, sich Situationen etwas aus der Ferne und mit Abstand zu betrachten. Das bewahrt uns vor Schnellschüssen und so manchem Fehlurteil. Wir und die Natur benötigen sowohl Wärme als auch Kühle, Licht und Schatten, Tag und Nacht, denn die Welt besteht aus Gegensätzen. Sie sorgen für die richtige Mischung, bringen Abwechslung ins Geschehen, und unterliegen dem Rhythmus des Lebens. Bewusst wird das blaue Licht als Nachtlicht verwendet. Es sorgt für die nötige Orientierung, wird aber nicht als störend empfunden. Polizei sowie Sicherheitskräfte tragen eine blaue Uniform. Sie symbolisiert Abstand und Ruhe. Sie sollen schwierige Situationen ordnen und klären. Für unsere Augen sind die dunklen Farben eben beruhigend. Sie stimmen uns friedlich. Das Herz-Kreislauf-System harmonisiert sich und die Muskulatur ist entspannt. So stellt sich für uns eine friedliche Situation ein und wir vermitteln Ruhe und Gelassenheit. Dieser Zustand hat zum Vorteil, dass unser Urteilsvermögen weniger getrübt ist. Wir können

wertfreier in so manche Verhandlung gehen und deren
Ausgang begreifen. Diese Eigenschaft ist eine gute Vo-
raussetzung für Menschen in Führungspositionen und
Entscheidungsträger.

Den **violetten** Ton finden wir oft in Beziehung mit reli-
giösen Intuitionen. Hier kommt der reine und klare Ge-
danke zum Ausdruck. Wertfreies Urteilsvermögen, offenes
Annehmen und Vergebung stehen im Vordergrund. Der
Spruch „Lila ist der letzte Versuch" ist ja in Anbetracht des
Göttlichen genau richtig. Oft wenden sich Menschen in
der größten Verzweiflung an jenen, um Hilfe zu erbitten.

Schwarz und Weiß, die sogenannten Farben, haben
für mich einen besonderen Stellenwert. Ich bezeichne
sie als Helligkeits- beziehungsweise Dunkelheitsanzei
ger. Sie haben in meiner Betrachtungsweise nichts mit
dem Farbenspektrum des Regenbogens zu tun. Sie gibt
es und sie setzen sich aus der Vielfalt der vorhandenen
Farben zusammen. Schwarz ist die dunkelste Stufe. Sie
schluckt alle Farben und Konturen. Sie hüllt sie ein und
verbirgt sie vor unserem Auge. Also wenn ich etwas
nicht sehen will, schließe ich die Augen und die Dun-
kelheit schützt mich vor der visuellen Überforderung.
Schwarz lässt auch die Konturen verschwinden. So mancher Wohlbeleibter verhüllt gerne seine Problemzonen in
schwarzen Kleidungsstücken. Schwarz wirkt aber auch
bedrohlich und einschüchternd und kann Angst auslösen. Die Farbe der Trauer ist oft Schwarz und drückt
damit Verlassensein und Traurigkeit aus. Eine gewisse
Eleganz und gehobene Stellung werden der schwarzen

Kleidung ebenfalls zugesprochen, da deren Stoffe oft sehr edel und teuer sind. Sie schluckt das Sonnenlicht und kann es speichern. Das schädliche UV-Licht wird durch Schwarz und Indigoblau von der Haut ferngehalten, deshalb tragen die Wüstenbewohner solche Stoffe.

Weiß ist der Gegenpol und zieht die UV-Strahlen mehr an. Es bricht das Farbspektrum und lässt alle Farben des Regenbogens flimmern. Das grelle Licht ist eher schädlich für unsre Augen. Sonnenbrillen und Blenden schützen uns vor ihm. Diese helle Farbe suggeriert uns Reinheit und Unschuld. Du kennst doch sicher den Begriff der weißen Weste. Frauen, die zum ersten Mal heiraten, tragen oft auch ein weißes Kleid. Einige Skulpturen werden in weißem Marmor dargestellt, damit man die Reinheit und auch die gewisse Erhabenheit unterstreicht. Weiß zeigt auch die Vollkommenheit des Geschöpfes an. Diese Farbe betont alles, was fehlerfrei und tadellos ist. Das kann auch Abstand und Ehrfurcht erzeugen. Nicht von ungefähr bezeichnet man die Ärzte als Götter in Weiß. Zwischen diesen beiden Extremen finden sich viele Abstufungen. Sie spiegeln die vielen Feinheiten zwischen Hell und Dunkel wider. Unser gesamtes Dasein bewegt sich in diesen Abstufungen und Dualitäten. Die Welt ist nun mal bunt und hat viele Zwischenstufen, die gerne als Grautöne bezeichnet werden. Wer nur schwarz-weiß sieht, hat ein begrenztes Blickfeld. Ausgenommen Farbenblinde, sie erkennen Grautöne.

Jetzt kannst du deinen Kleiderschrank betrachten und Inventur machen. Bist du bunt? Magst du lieber

Schwarz oder Weiß? Mit der passenden farbigen Garderobe darfst du deine Stärken unterstützen oder deine Defizite ausgleichen. Die passende Kleidung zum Anlass ist völlig in Ordnung. Sie darf trotzdem deine persönliche Note und Gefühlslage zum Ausdruck bringen. Ständig eine graue Maus zu sein, macht das Leben auch nicht besser und Bedauern und Mitleid helfen dir auch nicht aus der Krise. Lass Farbe in dein Leben und es wird bunt und abwechslungsreich. Mit den Farben kann man spielen und Akzente setzen. Einige Aspekte habe ich ja bereits aufgezählt. Designer passen das Farbspektrum ihrer Kollektionen der aktuellen Jahreszeit an. Schau in die Natur und nutze ihre Farbenpracht. Wenn dir kalt ist, trage rote Sachen. Willst du strahlen, greife zu gelb. Verlangt dir nach Beständigkeit und magst du deiner Hoffnung Ausdruck verleihen, bevorzuge grün. Benötigst du etwas Abkühlung und Klarheit, dann sind hellblaue bis violette Töne genau das Richtige für dich. Weiß und Schwarz kannst du zu jedem Farbton kombinieren und die Wirkung gezielt einsetzen. Gestalte deine Wohn- und Schlafräume sowie dein Arbeitszimmer so, dass diese ihrem Zweck entsprechend stimulierend oder beruhigend auf dich und andere wirken. Damit schaffst du eine Willkommensatmosphäre und lädst zum Verweilen ein. Viel Freude beim Ausprobieren.

Lass Farbe in dein Leben.

Das Wurzelchakra

Es ist das erste Chakra und steht für Stabilität, Leben und Überleben, Selbsterhaltung, Sicherheit und Erdung. Seine Farbe ist Rot und es besitzt vier Lotosblütenblätter. Es befindet sich zwischen Damm und Anus. Das Grundelement ist ein Quadrat, was für Stabilität steht. Das Element Erde ist ihm eigen und seine Sinnesfunktion ist das Riechen. Der Riechnerv ist in der Entwicklungsgeschichte der älteste Nerv und diente schon immer zur Nahrungsaufnahme und Orientierung. In dieser Kurzbeschreibung wird dir sicher auffallen, dass es sich hierbei um die Grundbedürfnisse des Menschen handelt. Sind diese nur ungenügend befriedigt oder gar nicht, fehlt der Grundstein für ein glückliches Leben.

Betrachten wir mal dein Leben bzw. Überleben. Lebst du gerne auf dieser schönen Welt oder kämpfst du ums Überleben, in welcher Form auch immer? Mit der Aktivierung des Wurzelchakras erfährst du, wie gut es sich anfühlt, lebendig zu sein. Die Verbindung mit der Erde, aus der wir stammen und zu der wir werden, gibt dir Kraft. Dies entspringt aus dem Magma des Erdinneren. Es ist rotglühend und die Grundsubstanz der Erde. Vulkane befördern die flüssige Lava an die Erdoberfläche, dort kühlt sie ab und bildet durch ihre Schlacke nährstoffreichen Boden für das neue Leben. Diese Kraft wird stabil und stärkt deinen Überlebenswillen.

Mit beiden Beinen fest im Leben zu stehen hilft, mit so manchen Schwierigkeiten fertig zu werden. Die Bodenhaftung, die diesem Chakra eigen ist, bewahrt uns davor, abzuheben. Ich meine, die Verbindung zu deinen Wurzeln zu behalten. Familie, Freunde und auch die Zugehörigkeit zu einer Region oder einer Gemeinschaft. Der Mensch ist ein soziales Wesen und nur wenige eignen sich zum Einsiedler. Die Lust am Leben ist ein starkes Antriebsmittel, das uns vorwärts bringt und anspornt, das Beste aus diesem Leben zu machen. Bedenke aber bitte auch, dass zu viel Stabilität auch Starre bedeuten kann. Die Sicherheit lässt uns oft vergessen, dass ein lebendiges Leben auch mal ins Wanken geraten darf. Abenteuer und Leben findet draußen auf der Straße statt und werden erst umgesetzt, wenn du einen Schritt vor die Tür tust. Du kannst aus dem Fenster schauen und anderen beim Leben zusehen, aber du nimmst nicht daran teil.

Damit du im Alltag dieses Chakra unterstützen kannst, gehe oft barfuß, setze dich unter Bäume, gehe im Wald spazieren und trage rote Kleidungsstücke. Rote Socken und Slip sind sehr effektiv. Iss öfter Wurzelgemüse und genieße den Sonnenuntergang. Das Gebiss spielt in diesem Chakra ebenfalls eine nicht zu unterschätzende Rolle. Stabile gesunde Zähne sind eine gute Voraussetzung, sich gesund zu ernähren und sie haben über den Blutkreislauf und die Meridiane eine Verbindung zu unseren inneren Organen. Menschen, die im Kampfmodus unterwegs sind, sehen das Leben etwas verbissen. Sie knirschen oder fletschen die Zähne, statt ein freundliches Lächeln für sich und andere zu zeigen. Diese verloren gegangene Energie fehlt im System und schwächt dich von Grund auf. Also lass dich auf diese Energiereise ein und öffne dein Wurzelchakra.

Sonnenuntergang Waldschlößchenbrücke, Dresden

Laubwald im Saubachtal bei Constappel

Erde dich!

Das Sakralchakra

Das zweite Chakra zeichnet sich durch Sexualität, Arterhaltung, Sinnlichkeit, Kreativität und schöpferische Lebensfreude aus. Es leuchtet in sechs orangefarbenen Lotosblüten. Das Element ist Wasser. Sein Symbol ist die Mondsichel und der Planet die Venus. Es befindet sich auf der Höhe des Steißbeines und kleidet das Becken aus. Die Sinnesfunktion ist das Schmecken. Dieser Energiewirbel ist für den Lebensfluss und die Lebensfreude zuständig. Hier erlebst du, wie die Energie sich in prickelnde Lebenslust verwandelt. Dein Wohlbefinden steht im Vordergrund. Du wirst kreativer in dem, was du tust, und gestaltest deine Umgebung für dich angenehm. Die Vielfältigkeit, die du in der Natur beobachtest, lässt du in dein Leben einfließen. Dein Alltag wird schwungvoller und dein Leben fließt leichter und es löst sich Frustrationsstau auf.

Jeder fließende Bach kommt an ganz verschiedenen Orten vorbei. An denen es ihm besonders behagt, verweilt er etwas länger. Ich meine, vergiss nicht den Augenblick und die Stunde zu genießen. Allzu langer Stillstand trübt das Gewässer ein und es verliert an Klarheit und beginnt zu stinken. Das Weibliche an diesem Chakra macht dich sanfter und liebevoller. Das spüren auch deine Mitmenschen. Aktivieren kannst du dies, indem du orangefarbene Kleidung trägst, an fließenden Gewässern spazieren gehst und die Leichtigkeit sowie die Kraft des Wassers auf dich wirken lässt. So intensiv und freudig darfst du alle Facetten deines Lebens auskosten und genießen. Saftige Orangen schmecken hervorragend und mit ihrer intensiven Farbe sowie Geruch bringen sie dir die Power zurück. Außerdem enthalten diese Früchte viel Vitamin C, was gut für unser Immunsystem ist.

An der Wilden Sau im Saubachtal bei Constappel

Dieser Energiewirbel benötigt ebenfalls Energie von innen und das ist Flüssigkeit. Trinke bitte zwei bis drei Liter täglich frisches, sauberes Wasser. Aus diesem Element stammt alles Leben und der Mond hat bekanntlich einen großen Einfluss darauf. Er ist für die Gezeiten verantwortlich. Alle Teile deines Lebens werden durch den Mond beeinflusst. Selbst Wachstumsphasen von Pflanzen und anderen Dingen kann man darauf zurückführen. Somit bist du jetzt in der Lage, für den Fortbestand deiner Familie zu sorgen und diese positive Energie an sie weiterzureichen. Bedenke dabei, dass du für die Zeugung und für das Austragen neuen Lebens Flüssigkeit benötigst. Spermien fließen zum Ei. Das befruchtete Ei wird von einer Hülle umgeben, deren Flüssigkeit Schutz und Nahrung bedeutet. Daraus folgt, der Fluss des Lebens bleibt erhalten. Ihr führt ein beschwingtes, fröhliches und friedliches Leben.

> **Genieße die Lust am Leben.**

Nabelchakra/Sonnenchakra

Das dritte Chakra zeichnet sich durch Willenskraft, Selbstkontrolle, Durchsetzungsvermögen, die Entwicklung des Ich und der Persönlichkeit aus. Dies sind sehr starke Themen und stark mit unseren Emotionen verbunden. Du findest es eine Handbreit über dem Nabel. Feuer ist sein Element. Sein Grundelement ist ein Dreieck und es wird von zehn gelben Lotosblüten umrahmt. Der Mars ist ihm sehr zugetan. Die Sinnesfunktion ist das Sehen. Öffnest und harmonisierst du diese Energieregion, wirst du emotional eine Kaskade der Gefühle erleben. Diese sind erst einmal ungewohnt und somit gewöhnungsbedürftig. Man fragt sich, ob dies wirklich real ist und zu einem gehört. Der Prozess der Selbsterkenntnis kann beglückend, befreiend, aber auch schmerzhaft sein. In jeden Fall ist es der erste Schritt zu einem friedlichen Leben mit dir. Hier wird dir ganz klar bewusst: Wer bin ich? Was will ich? Mit dieser Erkenntnis darfst du nun die richtigen Entscheidungen für dein Leben treffen.

Dieser Energiepool ist ein großer Energiespender und Verteiler, da er von der Lebensenergie der Nieren profitiert. Die Bezugspunkte zum Körper sind die vordere und hintere Rumpfmuskulatur. Ergo, das Korsett, das dir Rückenhalt gibt und für eine aufrechte Körperhaltung zuständig ist. Aufrichtig und selbstbewusst möchte doch jeder von uns durchs Leben gehen, um seine Träume zu verwirklichen. Das Feuer, das ihm zugeschrieben wird, wärmt und befeuert die Leidenschaft, mit der wir unsere Unternehmungen starten. Du kannst dieses Chakra gut unterstützen, indem du gelbe Kleidung trägst, öfter mal ein Feuer der Freude und Leidenschaft entzündest und bei Kerzenschein das Leben genießt.

Mit der Zeit wirst du spüren, dass du dich sicherer fühlst und schwierige Situationen dir keine Bauchschmerzen mehr bereiten. Du lässt dich nicht mehr von anderen benutzen und sagst klar und deutlich, was du empfindest und denkst. Entschuldigungen fallen dir leichter, da du nicht mehr so stark an Selbstzweifeln leidest und du dir deiner Stärke bewusst bist. Mit diesem Potenzial darfst du die Welt erobern. Gib bitte darauf Acht, dass du nicht über das Ziel hinausschießt. Zu viel Ehrgeiz kann Kraft kosten. Dieser kann in negativen Stress umschlagen und somit auf den Magen und die Galle

Rapsfeld in Niederau

Einfluss nehmen. Diese beiden Organe reagieren oft gereizt, wenn sie geärgert werden. Magendrücken, Unwohlsein und ein Wutausbruch können die Folge sein. Besinne dich auf deine innere Stärke, komm zur Ruhe und geh einen Schritt nach dem anderen. Somit kommst du vorwärts, ohne zu hasten und eventuelle Hindernisse zu übersehen. Bedenke: In der Ruhe liegt die Kraft.

> So wie innen, so das Außen.

Herzchakra

Nummer vier liegt in Höhe des Brustbeines. Sein Leitspruch: Liebe ist … Weitere Eigenschaften sind Zuneigung, Geborgenheit, Offenheit, Toleranz und Herzensgüte. Sein Grundsymbol ist ein Hexagramm, welches von zwölf grünen Lotosblättern umrahmt wird. Sein Element ist die Luft, Tasten die Sinnesfunktion und Jupiter der dazugehörige Planet. Das Chakra liegt auf der Höhe des Brustbeins und versorgt die anliegenden Organe Herz und Lunge sowie den gesamten Brustraum. Die Lungen benötigen Sauerstoff, womit sie unseren gesamten Organismus versorgen, und dazu ist das Luftelement absolut passend.

Liebe dich!

Dieses Chakra steht mit allen anderen Chakren in Verbindung und nimmt in unserem Leben eine zentrale Rolle ein. Ohne Liebe macht alles keinen Sinn. Bitte die Liebe nicht mit der feurigen Leidenschaft des Begehrens verwechseln – gegen die nichts einzuwenden ist, aber hier nicht gemeint ist. Liebe stellt keine Bedingungen. Sie ist einfach da. So wie eine Mutter ihr Kind liebt oder Kinder ihre Eltern. Sie kommt tief aus dem Herzen und bewegt uns zu manchen Taten. Sie wird von Generation zu Generation weitergereicht und ist der Grundstein für Menschlichkeit. Menschen, deren Herzen voller Liebe und Güte sind, besitzen die Eigenschaft, sehr tolerant und offen für alles Neue und Fremde zu sein. Die Geborgenheit, die sie ausstrahlen, lässt Vertrauen entstehen und Freundschaften und Beziehungen wachsen und gedeihen. Mit sich selbst gehen diese Menschen auch sehr gnädig und achtsam um, damit ihr Leben keinen Schaden nimmt. Nur wer sich selbst liebt, kann Liebe geben für alle Wesen auf dieser Welt. Du wirst erfahren, wie beruhigend und erfüllt sich solch ein friedliches Leben anfühlt. Ohne Groll auf sich selbst und die einen umgebenden Geschehnisse lebt es sich leicht und unbeschwert. Achte darauf, nicht ausschließlich in Liebe etwas zu geben, du darfst auch gerne etwas in Liebe entgegennehmen.

Die Farbe Grün verbindet man mit der Hoffnung, die ja bekanntlich zuletzt stirbt. Deshalb gehe oft in den Wald oder über grüne Auen. Tanke die mit frischem Sauerstoff beladene Luft tief in deine Lungen ein und mache dich frei von allen Sorgen. Der Lagebezug zu der Brustmuskulatur und zu den Armmuskeln spricht für den Tastsinn. Wir begreifen alles, was um uns liegt und berühren mit unseren Händen Erde, Mensch und Tier. Darüber werden Empfindungen ausgetauscht und Gefühle freigesetzt. Streichelnde Hände können trösten und ermutigend sein. Ein Schulterklopfen bestärkt dich in deinen Handlungen und eine herzliche Umarmung sagt: Ich habe dich lieb. Zartes, frisches Grün tastet sich jedes Frühjahr heran und wird üppiger zu saftigen Farben und Pflanzen. Im Laufe des Jahres spenden sie Schatten und im Herbst werden sie welk. Die Liebe, die wir in uns spüren, hat Ähnlichkeit mit den Jahreszeiten. Manchmal klein und zaghaft und dann wieder groß und stabil. Manchmal schlummert sie vor sich hin und wir dürfen sie wieder zum Vorschein kommen lassen. Geschieht Liebe, dann strömen wir über vor Glück und Dankbarkeit.

Falls du also ein schwaches oder zerbrechliches Herz hast, kannst du es im Alltag unterstützen, indem du grüne Kleidungsstücke trägst und Rosenwasser benutzt. Stell dir die Blumen der Liebe in die Vase. Rosen aller Art schenken Freude und verströmen einen lieblichen, betörenden Duft.

Liebe ist ...

Halschakra

An fünfter Stelle befindet sich das Halschakra und es
versorgt den gesamten Halsbereich. Seine Lage ist mit
dem des Kehlkopfes identisch. Stelle dir einen breiten
hellblauen Schal vor, der deine gesamte Hals-/Nacken-
region einhüllt. Er reicht bis in den Unterkieferbereich
hinein. Seine Hauptthemen sind die Kommunikation
und das Wortbewusstsein. Die Wahrheit, mentale Kraft
sowie Inspiration, die Kreativität und Musikalität runden das Spektrum ab. Dieser Kreis wird von 16 hellblauen Lotosblütenblättern umrahmt und der Planet ist
der Saturn. Sein Element ist die Luft und die Sinnesfunktion das Hören. Dieses Chakra hat die Aufgabe,
alle Organe, die mit dem Sprechen zu tun haben, zu
versorgen. Es sorgt nicht nur dafür, dass wir kommunizieren können, sondern auch, auf welche Art und
Weise wir es tun. Die Stimme kann sehr viel über
den Menschen aussagen, seine Gefühlslage widerspie-
geln und sie drückt Glaubhaftigkeit und Vertrauen aus.

Wortgewandten Menschen wird Gehör geschenkt. Sie
erhalten Aufmerksamkeit und können ihre Belange in
die Welt tragen. Wichtig dabei ist, dass die Worte aufrichtig sind und aus dem Herzen kommen. Bitte belü-
ge dich nicht selbst! Unsere Gedanken sind Worte und
können sowohl Gutes als auch Negatives bewirken. Daraus folgt nicht, wer viel redet, hat viel zu sagen. Kommunizieren kannst du auf vielfältige Weise. Du kannst

deine Gedanken in Schriftform zum Ausdruck bringen oder singen und tanzen. Selbst Malen und Gestalten ist eine Form des Ausdrucks. Es sollte identisch sein und zu dir gehören. Das Hören als Sinnesfunktion ist an das Sprechen schon aus funktioneller Sicht gebunden. Funktioniert das Hörorgan schlecht oder gar nicht, hat das Auswirkungen auf die Verständigung. Hinhören, Zuhören und Verstehen sind wesentliche Voraussetzungen für eine friedliche Verständigung. Dabei kommt es nicht immer darauf an, was, sondern wie es gesagt wird. Eine freundliche Ablehnung ist per se nicht böse gemeint und ein nicht aufrichtiges Ja ist auch nicht die Erfüllung aller Träume. Konsequente Aussagen geben Richtung und Ziel an. Sie sind hilfreich bei der

Genieße den blauen Himmel

Orientierung und geben wenig Spielraum für Spekulationen. Offen und ehrlich seine Meinung zu sagen, dabei freundlich und respektvoll zu sein, hat mir bis jetzt nie geschadet. Wie heißt es doch so schön: Ehrlichkeit währt am längsten. Sie schafft Vertrauen und lässt keinen Ärger aufkommen.

Trage öfter hellblaue Kleidung, genieße den Anblick eines wolkenlosen Sommerhimmels und erfrische dich mit Pfefferminze oder Eukalyptus.

Das Nabelchakra, Herzchakra und das Halschakra stehen auf eine ganz besondere Weise miteinander in Verbindung. Das Herzchakra ist unabhängig, liegt zwischen den beiden und hat energetisch großen Einfluss auf seine Nachbarchakren. Unser Tun und Handeln sollte stets von Liebe geprägt sein und aus dem Herzen kommen. So kann ein gutes Projekt gedeihen. Gehen wir liebevoll in unseren Alltag, Beruf und an die Kindererziehung heran, bringt es viel Freude mit und lässt Spielräume zu. Ein wesentlicher Bestandteil einer gelungenen Partnerschaft und Freundschaft ist liebevoller, respektvoller Umgang. Willst du bestimmte Dinge in deinem Leben erreichen, sollten sie aus deinem Herzen kommen und nicht nur vom Verstand geleitet sein. Das sogenannte Herzblut spiegelt sich in der Herangehensweise und Fertigstellung wider. Hier kommt zum Ausdruck, wer du bist, was du fühlst und wonach dein Herz verlangt. Fang an zu handeln und zu leben und liebe dein Leben. Jeder darf aus seinem Leben ein Meisterwerk machen. Es kann kein anderer für dich tun, außer du selbst.

Mache aus deinem Leben ein Meisterwerk!

Stirnchakra

Das sechste Chakra ist der Sinneswahrnehmung gewidmet. Fantasie, Intuition, Vorstellungskraft, Weisheit, Selbsterkenntnis und der sogenannte siebente Sinn sowie die übersinnliche Wahrnehmung sind ihm eigen. Das Stirnchakra befindet sich zwischen den Augenbrauen an der Nasenwurzel. Dort, wo die orientalischen Frauen ihren Schönheitsfleck haben. Es ist von dunkelblauer Farbe und zwei Lotosblüten ziehen einen Kreis. Der dazugehörige Planet ist der Uranus. Es versorgt alle Teile unseres Kopfes, die sich im Bereich des Oberkiefers bis zu den Ohren, Augen und Stirn bis Haaransatz und bis zum Hinterkopf erstrecken. Es hat somit Einfluss auf unser Zwischenhirn, in dem sich die Steuerungszentren für Emotion, Wahrnehmung und für die hormonelle Regulierung befinden. Diese zentrale Position wirkt sich fördernd oder hemmend auf unsere Gemütslage aus. Jeder von uns hat Träume und Wünsche. Sie sind mehr oder weniger realistisch. Sie sind der Motor für unser Streben. Kinder haben eine natürliche Fantasie und Vorstellungskraft, da sie der Welt unvoreingenommen entgegentreten. Uns Erwachsenen steht oft der Verstand im Weg. Wir beurteilen die Welt mit unseren Erfahrungen und verbauen uns somit manche Chance. Kannst du dich noch daran erinnern, was du werden wolltest, als du klein warst? Womit hast du gerne gespielt? Warst du der Gute oder der Böse? Vielleicht auch an fernen Orten?

Diese Fantasien können Einfluss auf dein Leben haben, wenn du deinen Empfindungen nachgibst. Oft wird uns schon sehr früh erklärt, dass dieses und jenes nicht geht, weil es zu schwierig, zu groß, es noch keiner oder nur ganz bestimmte Menschen gemacht haben usw. Es sind ja die Erfahrungen der anderen, die dir helfen wollen. Alles, was du anpackst in deinem Leben darf sich vom Grund her gut anfühlen. Solange deine Vorstellungskraft ausreicht, dich am Ende zu sehen, wird es gelingen. Klar wirst du hier und dort eine Korrektur vornehmen und vielleicht einen Umweg machen. Macht fast gar nichts, solange du deinen Traum nicht vergisst und ihn nicht aus den Augen verlierst. Es ist übrigens auch nie zu spät, seine Wünsche in die Wirklichkeit umzusetzen. Das Alter spielt nur insofern eine Rolle, wenn es mit Gebrechlichkeit verbunden ist und dich handlungsunfähig macht. Spüre in dich hinein, nimm wahr, was um dich herum geschieht, und handle klug, dann mit Verstand.

Die dunkelblaue Farbe bringt Stille und sortiert die Gedanken. So wie die Nacht hereinbricht und den Trubel des Tages verklingen lässt. Je dunkler und klarer die Bläue, umso heller die kleinen Sterne der Erkenntnis. Bist du nicht auch schon aus einem Traum erwacht mit dem Gefühl, dass sich die Dinge geordnet haben oder noch mehr Chaos angerichtet wurde? Im Traum treffen Unterbewusstsein und Bewusstsein aufeinander. Manches lässt sich klären und erklären, anderes kommt später an Licht. Dieser Zustand hat etwas mit unserm Gedächtnis zu tun. Kennen wir diese Gefühle oder Situationen? Oder sind sie für uns völlig neu und müssen erst verarbeitet werden? Trau dich wieder zu träumen und zu spinnen. Gehe mit deiner Fantasie auf die Reise. Es entspannt ungemein und lässt unsere Belohnungshormone hüpfen. Freude ist doch ein fantastisches Gefühl und steckt an. Du darfst dein Chakra trainieren, benutze dunkelblaue Stoffe, schaue dir den Sternenhimmel an, genieße die Stille und Romantik. Lies Bücher oder male mal ein Bild von dir und wo du gerne wärst. Hänge es so auf,

Abendstimmung in Niederau

dass du es jeden Tag sehen kannst. Umgib dich mit Gegenständen, die dich an schöne Orte oder Situationen erinnern. Schmecke und rieche, was dir guttut und bleibe neugierig auf das Leben mit seiner Vielfalt und seinem Einfallsreichtum.

Lass deiner Fantasie freien Lauf.

Kronenchakra

Das siebte Chakra vereint die Themen Spiritualität, Erfahrung, geistige Welten, Gotterkenntnis, Erleuchtung, Selbsterkenntnis, Religiosität, Verbundenheit mit dem Kosmos. Es schimmert in Violett, Weiß oder Gold um eine Lotosblüte mit tausend Blättern. Die Zahl 1000 steht für Vollkommenheit. Der Planet ist der Neptun. Hier ist zu bedenken, dass es sich nur entfalten kann, wenn alle anderen Chakren harmonisiert sind. Die Energie vom Wurzelbereich muss ungehindert fließen können, damit die Krone leuchten kann. Dieser Bewusstseinszustand ist mit tiefem Frieden in sich und um sich verbunden. Gelassenheit und Weitsicht stellen sich ein.

Du stellst nicht mehr nur deine Bedürfnisse in den Vordergrund, sondern hast die Welt um dich herum im Blick. In deiner Aufmerksamkeit und Betrachtungsweise des Lebens erfährst du, dass nicht alles, was auf Erden geschieht, in unserer Macht liegt. Das Urvertrauen spielt hier eine große Rolle und der Glaube an ein Ordnungssystem. Gewisse Spielregeln sorgen dafür, dass alles an der richtigen Stelle und zum richtigen Zeitpunkt geschieht. Mit diesem Wissen um die Tatsachen stellen sich Weisheit, Klugheit, Geduld und die so oft gepriesene Gelassenheit ein. Menschen, die diesen Bewusstseinszustand anstreben oder sich dort schon befinden, werden oft um Rat gefragt und besitzen die Gabe des Zuhörens. Ihre Auffassungsgabe und das Erkennen der

Zusammenhänge macht sie mitunter sehr kritisch und ihre Aussagen sind für den Ratsuchenden nicht immer gleich verständlich.

Hier besteht die Gefahr, dass die Bodenhaftung verloren gehen kann. Nur in anderen Welten oder Sphären zu schweben kann einsam machen. Der Blick für die banalen Dinge des Lebens geht verloren. Achte deshalb bitte auf den Ausgleich von Wurzel- und Kronenchakra. Dazu kannst du gerne die geführte Meditation verwenden und in den Bergen spazieren gehen.

Zwischen Himmel und Erde in Südtirol

Das Besteigen eine Berges hat ja an sich schon etwas Spirituelles. Aus dem Tal geht es oft mehr oder weniger steil in die luftige Höhe. Nach einer gewissen

Anstrengung hast du dann einen tollen Blick auf das, was unter dir in der Weite und Ferne liegt. Der Himmel ist oft zum Greifen nah. Lässt dich alle Sorgen vergessen. Von oben betrachtet klein und nichtig im Vergleich zu dem gigantischen Schauspiel der Natur. Du als Mensch bist nur ein kleiner Teil des Ganzen, kannst dich eingebettet fühlen und gewiss sein, dass alles gut wird. Die Natur ist schon immer da gewesen und hat ihre Schöpferkraft in all das, was dich umgibt, gelegt. Vertraue dieser Kraft und lade dich mit der Energie auf. Der Bergkristall ist ein wunderschönes Beispiel für Stabilität, Kraft und Klarheit. Schau ihn dir an und du wirst mich verstehen.

Verliere nie den Glauben.

Das Seelenchakra

Es befindet sich über dem Kronenchakra, etwa eine aufgestellte Hand hoch in der uns umgebenden Aura. Ihm wird die Aufgabe zuteil, über unseren Seelenauftrag zu wachen. Jedes Geschöpf, das auf unserer Erde weilt, hat eine Bestimmung und ist für einen ganz besonderen Zweck da. Auch du bist mit dieser Botschaft auf die Erde gekommen. Oft fragen sich die Menschen, welchen Sinn ihr Dasein hat oder nach dem Sinn ihres Handelns und Tuns. Aus diesem Grund darfst du diesem Chakra deine Aufmerksamkeit widmen.

Romys Seelenkarten

Frage deine Seele, wonach es ihr verlangt und gehe liebevoll mit ihr um. Einige Tipps habe ich dir bereits verraten und du weißt oft selbst genau, was gut für dich ist.

Danke schön

Der erste Dank gilt meinen Eltern. Sie haben dazu beigetragen, dass ich auf dieser wunderschönen Welt bin. Dankbar bin ich für eine Erziehung, die von Toleranz und Ehrlichkeit geprägt war. Danke auch für die Aus- und Weiterbildung, die mich dazu befähigt hat, mit meinen Händen vielen Menschen auf körperlicher Ebene zu helfen. Ein doppeltes Danke, dass ich zwei Menschen getroffen habe, die mir gezeigt haben, wie ursachenbezogene Diagnostik und Therapie funktioniert. Das sind Dr. rer. nat. Marco Schmidt und Dr. med. Karsten Wurm. Ihnen verdanke ich einen Großteil meines jetzigen Wissens und dass ich dieses Buch endlich schreiben konnte. Dem gesamten KAIROS-Team gilt ebenfalls ein Dankeschön. Sie sind stets zur Stelle und geben Rückhalt. Ebenfalls möchte ich den Kollegen für ihre Empathie danken, die die KAIROS-Ausbildung mit mir gemeinsam begonnen und beendet haben. Mein Dank gilt genauso Hermann Scherer, der mich mit seinem Programm inspiriert hat, dieses Buch zu schreiben. Ein weiteres Dankeschön an meinen Ehemann, der mir den nötigen Freiraum geschaffen hat. Unserer Tochter Juliane, die mit viel Geduld das Buch strukturiert und kritisch gelesen hat. Die mir bei Recherchen geholfen hat und so manches Chaos wieder gerichtet hat. Danke an Frau Fölck, die dieses Buch lektoriert hat. Ein Dankeschön an den Verlag, der dieses Buch mitgestaltet und herausgebracht hat.

Vielen Dank an jeden Leser, der sich inspiriert fühlt und den ersten Schritt unternimmt und ins Handeln kommt.

Vielen Dank!

Das Leben ist eine **Chance**, nutze sie.
Das Leben ist **Schönheit**, bewundere sie.
Das Leben ist **Seligkeit**, genieße sie.
Das Leben ist ein **Traum**, mach daraus Wirklichkeit.
Das Leben ist eine **Herausforderung**, stelle dich ihr.
Das Leben ist **Pflicht**, erfülle sie.
Das Leben ist ein **Spiel**, spiele es.
Das Leben ist **kostba**r, geh sorgfältig damit um.
Das Leben ist **Reichtum**, bewahre ihn.
Das Leben ist **Liebe**, erfreue dich an ihr.
Das Leben ist ein **Rätsel**, durchdringe es.
Das Leben ist ein **Versprechen** – erfülle es.
Das Leben ist **Traurigkeit**, überwinde sie.
Das Leben ist eine **Hymne**, singe sie.
Das Leben ist eine **Tragödie**, ringe mit ihr.
Das Leben ist ein **Abenteuer**, wage es.
Das Leben ist **Glück**, verdiene es.
Das Leben ist das **Leben**, verteidige es.

Mutter Teresa (1910–1997)

Heilpraktikerin
Romy S☀mmer

Sommer's
Machen den Tag hell

Kairos-Therapeutin, Osteopathin, Physiotherapeutin
Meißner Straße 61, 01689 Niederau
Tel: 035243 / 51950
Fax: 035243 / 51951
E-Mail: sommer-niederau@web.de
Web: *www.sommers-physiotherapie.com/heilpraktikerin*

Heilpraktikerin
Osteopathin
Physiotherapeutin

Romy Sommer
ist Expertin für:

- **Belastungsasthma für 25-45 jährige**
- **Ursachenbezogene Diagnose und Behandlung**

DIE AUTORIN

Romy Sommer wurde 1965 in Stollberg/Erzgebirge gebo-
ren. Nach einer Ausbildung zur Masseurin und zur Physiotherapeutin ist sie nun als Heilpraktikerin selbstständig.
Seit ihrer Kindheit leidet sie an einer Sehbehinderung, die
ihr den Wunschberuf Arzt unmöglich machte. Da der Autorin Menschen am Herzen liegen, ist es ihr ein Anliegen,
diesen die Vielfalt und Buntheit des Lebens zu vermitteln.
Romy Sommer ist verheiratet und lebt mit ihrer Familie in
Niederau bei Meißen.

DER VERLAG

VINDOBONA
VERLAG · SEIT 1946

ein Verlag mit Geschichte

Bereits seit 1946 steht der Vindobona Verlag im Dienst seiner Bücher und Autoren. Ursprünglich im Bereich periodisch erscheinender Journale tätig, präsentiert sich der Verlag heute als kompetenter Partner für Neuautoren am deutschen, österreichischen und schweizerischen Buchmarkt. Engagement, Verlässlichkeit und Sachverstand – das sind die Grundpfeiler, auf denen der Verlag seit jeher sicher steht.

Sie möchten mit Ihrem Werk das vielseitige Verlagsprogramm bereichern? Der Vindobona Verlag garantiert Ihnen eine professionelle Prüfung Ihres Manuskriptes durch das Lektorat sowie eine zeitnahe Rückmeldung.

Genauere Informationen zum Verlag
finden Sie im Internet unter:

www.vindobonaverlag.com